Ludwig Karl James Aegidi

Aus der Vorzeit des Zollvereins

Beitrag zur deutschen Geschichte

Ludwig Karl James Aegidi

Aus der Vorzeit des Zollvereins
Beitrag zur deutschen Geschichte

ISBN/EAN: 9783743663756

Hergestellt in Europa, USA, Kanada, Australien, Japan

Cover: Foto ©ninafisch / pixelio.de

Weitere Bücher finden Sie auf **www.hansebooks.com**

Aus der Vorzeit des Zollvereins.

Beitrag

zur

Deutschen Geschichte.

Von

Ludwig Karl Aegidi.

Hamburg, 1865.
Verlag von Boyes & Geisler.

Meinem theuern Vater

zur Feier

Seines siebenzigsten Geburtstags

am

14. Mai 1865.

Vorwort.

Detailstudien sind die fruchtbarsten. Kann man darin zu weit gehen? Mikroskopische Untersuchungen scheinen mir berechtigt und mitunter nothwendig zu sein auch im Bereich des geistigen Lebens. Die Detailforschung wird nur, um den wissenschaftlichen Charakter zu wahren, den Zusammenhang der Einzelnheiten mit dem Ganzen nicht aus dem Auge verlieren dürfen.

Die vorliegende Arbeit, zunächst für das Rectoratprogramm unsres Akademischen Gymnasium bestimmt, hat den Verfasser mit einer Freudigkeit erfüllt, welche die Welt umher vergessen liess und über die markverzehrenden Mühen einer unbefriedigenden amtlichen Wirksamkeit erhob. Nachträglich regt sich nun der Zweifel, ob in dem Mikroskopischen der Beobachtung oder doch der Mittheilung vielleicht zu weit gegangen sei. Den Zusammenhang mit dem Grossen und Ganzen der geschichtlichen Entwicklung hoffe ich festgehalten zu haben; in Allem, was sich hierauf bezieht, schloss ich mich an die Meister, denen ich Belehrung verdanke, pietätvoll an und redete selbst mit ihren (pflichtschuldig citirten) Worten, wenn ich keine treffenderen zu finden wusste.

Dringend wünsche ich meiner kleinen Schrift, dass Niemand in ihr blättern möge und dass Jemand, der sie kennen lernen mag, sie von Anfang bis zu Ende lese.

Hamburg, 8. Juni 1865.

Æ.

Aus
der Vorzeit des Zollvereins.

Das Gesetz vom 26. Mai 1818¹) schuf ein neues Zoll- und Steuersystem für den preussischen Staat. Es sicherte diesem in dessen tiefer Bedürftigkeit reiche, stets anwachsende Einnahmen, hauptsächlich hervorgehend aus Eingangsabgaben auf ausländische, zur Verzehrung bestimmte Erzeugnisse, die nicht zu dem unentbehrlichsten Consum der unbemittelten Classen gehörten.²) Es begründete eine neue volkswirthschaftliche Aera. An die Landesgrenzen verlegte es die Zolllinien; alle Binnenzölle hob es auf; es entschädigte die Privaten für ihre Berechtigungen; es vereinigte Land und Stadt, Provinzen und Provinzen.³) Bis dahin war jede einzelne Stadt von besondern Schranken umgeben, die zur Sicherstellung der Zölle und Verbrauchsabgaben dienten; aller Handel war in die Städte gewiesen, und nur mit Begleitscheinen der Acciseämter konnte selbst der Verkehr von Stadt zu Stadt betrieben werden: dem neuen Zollsystem genügte die Bewachung der äusseren Grenzen; der Verkehr im Innern ward frei und jedes Gewerbe konnte fernerhin ebensowohl in Flecken und Dörfern als in den Städten betrieben werden.⁴) Bis dahin bildeten die verschiedenartigen Landestheile im Westen und Osten, die altererbten, die wiedergewonnenen, die neuerworbnen, eine Herrschaft: sie wurden durch das Gesetz von 1818 eine Lebensgemeinschaft; der Name „Preussen" bedeutete fortan Ein grosses

---

1) „Gesetz über den Zoll und die Verbrauchssteuer von ausländischen Waaren und über den Verkehr zwischen den Provinzen des Staats"; Gesetzsammlung für die Preussischen Staaten 1818 S. 65.
2) Ueber das Wesen und die Bedingungen eines Zollvereins, von Dr. Gustav Fischer, Prof. in Jena. Erster Artikel: Die Idee eines deutschen Zollvereins und ihre Ausführung geschichtlich entwickelt — in Hildebrand's Jahrbüchern für Nationalökonomie und Statistik, zweiter Jahrgang, Band I, S. 317 fg. Dieser Schrift verdanke ich die Anregung zu meiner Arbeit.
3) Zur Geschichte der deutschen, insbesondere der preussischen Handelspolitik, von 1818 bis 1828, in Leopold Ranke's Historisch-politischer Zeitschrift, zweiter Band, Berlin 1833—1836, S. 64 fg.
4) H. (J. G. Hoffmann?), das preussische Zollwesen, in Leopold Ranke's historisch-politischer Zeitschrift, erster Band, Hamburg 1832, S. 438 fg.

Wirthschaftsgebiet — und Millionen Deutsche, befreit von all den verwickelten Zoll-, Durchgangs- und Handelsabgaben, welche sie bisher von einander getrennt, besiegelten ihre ideale Zusammengehörigkeit in ungehindertem Verkehr durch die Gemeinsamkeit aller Lebensinteressen.

Dieser neuen nationalökonomischen Einheit gab dasselbe Gesetz, welches sie ins Leben rief, eine durchaus neue Stellung zum Ausland. Ihm stand bis dahin unser Vaterland wehrlos gegenüber. Wohl hatte Deutschland aufgeathmet, als die Continentalsperre ein Ende nahm. Aber sofort ergossen sich die englischen Vorräthe über das Festland; was man vorhin schmerzlich entbehrt, war nun in verhängnissvollem Ueberfluss vorhanden: alle deutsche Märkte waren überschwemmt mit britischen Waaren. Und in demselben Augenblick, da die deutschen Fabriken und Manufacturen der englischen Concurrenz erlagen, schloss Grossbritannien die deutsche Urproduction definitiv aus; alle Korneinfuhr wurde, bis der Quarter Weizen in England 80 Schilling (!) gelten würde, verboten.[5] Diese britischen Korngesetze von 1815 äusserten nach Ablauf der Theuerung ihre volle verderbliche Wirkung.[6] — Frankreich, in ähnlicher Gefahr wie Deutschland, aber — ohwohl besiegt — in andrer Lage als dieser sein Sieger, verschärfte sein ohnehin strenges Prohibitivsystem; indem es die deutsche Production zurückwies,[7] suchte es, mit England um die Wette, sie im Innern aufzureiben. — Holland, eine Schöpfung deutscher Waffenerfolge und deutscher Staatskunst,[8] zahlte uns den Tribut seines Dankes, indem es zu alten prohibitiven Massregeln griff und dem Transithandel nun auch zu Wasser, in directem Widerspruch mit den Bestimmungen desselben Congresses, der diesen Staat geschaffen, Fesseln anlegte: während Alles, was wir unsern Rhein hinunter sandten, holländischen Douanen anheimfiel, liessen wir frei ins Land, was Holland uns rheinaufwärts schickte![9] Da klagten denn die Fabrikherrn von Rheid, Suchteln, Gladbach, Viersen, Kaldenkirchen in ihrer Adresse an den König von Preussen am 27. April 1818: „Von allen Märkten Europa's sind unsre Zolllinien ausge-

---

[5] Ranke, a. O., zweiter Band, S. 71. Das Haus der Lords nahm die betreffende Resolution des Herrn Robinson am 20. März 1815 an.
[6] Fr. Nebenius, über die Entstehung und Erweiterung des grossen deutschen Zollvereins, in der Deutschen Vierteljahrsschrift, zweites Heft 1838, Stuttgart u. Tübingen, S. 310 fg.
[7] Dies erstreckte sich bis auf Obst.
[8] Wenigstens erschien sie einem Hans v. Gagern so!
[9] Ranke, a. O., zweiter Band, S. 71.

schlossen, indessen alle Gewerbe von Europa in Deutschland einen offnen Markt hielten."[10]) Und in einer Eingabe an den Staatskanzler Hardenberg, dass „alle Länder ihre Zolllinien haben und Deutschland das einzige Land ist, wo Alles frei eingeht und jede schlechte und jede verdorbene Waare ihren Markt findet."[11]) Das wurde nun anders mit dem 26. Mai 1818. Zolllinie wurde da der Zolllinie entgegengestellt und ein Schutz gewährt gegen die Länder, welche uns von ihrem Markt ausschlossen und den unsern überflutheten. Ausdrücklich erklärte Hardenberg jenen rheinischen Fabrikanten, „die Zolllinie, welche die äussre Grenze der drei westlichen Provinzen umschliessen werde, sei dazu bestimmt, dem inländischen Gewerbfleiss durch verhältnissmässige Besteuerung der gleichartigen fremden Erzeugnisse einen billigen Vorzug zu sichern und die Freiheit des Verkehrs mit den östlichen Provinzen durch Aufsicht gegen die Einmischung fremder Fabrication möglich zu machen und zu schützen."[12])

Keineswegs aber sollte die Zahl der mit Prohibitivgesetzen ummauerten Mächte um eine neue vermehrt, keineswegs sollte das Mercantilsystem, von dem man in den innern Einrichtungen abwich, an den Grenzen behauptet, keineswegs sollte in den allgemeinen Handelskrieg eingestimmt werden, den bisher Staat gegen Staat geführt zum gleichmässigen Nachtheil aller Nationen.[13]) Wohl hatten sich für das Verfahren aller andern Europäischen Grossmächte, für das Prohibitivsystem, wie es bis 1806 bestanden, den traditionellen Anschauungen gemäss sowohl die zu Rathe gezognen Fabrikherrn, namentlich märkische und schlesische, als auch die Mehrheit der unter dem Vorsitz des Oberpräsidenten von Heydebreck berufnen Immediat-Commission entschieden. Die Sache kam dann aber an den Staatsrath; ein aus 24 Personen bestehender Ausschuss desselben, welchem Wilhelm von Humboldt präsidirte, gab ihr eine andre Wendung: namentlich der Handelsminister Graf Bülow, der Ministerialdirector Karl Georg Maassen, die Staatsräthe Peter Christoph Wilhelm Beuth und Gottlob Johann Christian Kunth verschafften den grossen Grundsätzen, welche jetzt die Welt beherrschen, den Sieg.[14]) Von Einfluss war auch der ausgezeichnete

---
[10]) Ebendas., S. 72.
[11]) Ebendas., Anmerkung auf S. 72.
[12]) Ebendas., S. 80.
[13]) Ebendas.
[14]) Dr. Georg v. Viebahn, Statistik des zollvereinten und nördlichen Deutschlands, Berlin, G. Reimer, 1858, S. 133.

staatswissenschaftliche Schriftsteller Geheimer Rath J. G. Hoffmann, der zu Hardenberg in nahen persönlichen Beziehungen stand.[15]) Aber der eigentliche Schöpfer des preussischen Zollsystems und der freieren Handelspolitik war, wie Kühne, dessen Wort hier vollwichtig ist, ausdrücklich bemerkt hat, K. G. Maassen.[16])

Das Gesetz vom 26. Mai 1818 zielte viel weiter, als auf eine blosse Erleichterung des innern Verkehrs. Es spricht das grosse Wort aus: „Handelsfreiheit soll bei den Verhandlungen mit andern Staaten in der Regel zur Grundlage dienen; Erleichterungen, welche der preussische Handel in fremden Staaten findet, sollen erwiedert, sowie Beschränkungen, von denen er wesentlich leidet, vergolten werden." In der Mitte von lauter Staaten, die sich abschlossen, konnte Preussen nicht vollkommene Handelsfreiheit einführen: das wäre nur die fortgesetzte Wehrlosigkeit des deutschen Handels gewesen. Doch, im Princip verschieden von dem Prohibitivsystem, hat das preussische Gesetz die offenkundige Tendenz, den allgemeinen Handel nicht noch mehr zu fesseln und zu beschränken, sondern ihn zu befördern, zu erleichtern, zu entfesseln.[17]) An seiner Stirn trägt es den Grundsatz: „Alle fremden Erzeugnisse der Natur und Kunst können im ganzen Umfange des Staats eingebracht, verbraucht und durchgeführt werden; allen inländischen Erzeugnissen der Natur und Kunst wird die Ausfuhr verstattet." In der That, das Gesetz weiss von keinem Verbot, ausser in Bezug auf zwei Regalien: Salz- und Spielkarten. Aber nicht genug, dass die Einfuhr frei von aller Prohibition war, die Zölle, welche dieselbe belegten, waren mässig[18]) und, was von besondrem Werthe, leicht zu erheben. „Die Tarife", sagt Ranke,[19]) „waren bisher Register der Technologie und Naturgeschichte, gleichsam Lexica aller Gegenstände des menschlichen Gebrauchs, die man nach dem verschiedenen Werthe verschieden angelegt hatte". Der preussische Tarif sah von dem Werth völlig ab und brachte, eben zur Er-

---

[15]) „Bericht No. XVII", nämlich des Staats-Ministers Grafen v. Bernstorff von den Wiener Conferenzen, so ist in den betreffenden Acten bemerkt, „wurde an den Staatskanzler behufs einer in Absicht der Handelsangelegenheiten an den H. G. R. Hoffmann zu machenden schriftlichen Mittheilung zurückgegeben."
[16]) G. Fischer, in Hildebrand's Jahrbüchern f. Nationalök. u. Stat., a. O., S. 331.
[17]) Ranke, a. O., zweiter Band, S. 80.
[18]) In der Regel einen halben Thaler vom preussischen Centner; Ranke, a. O., S. 81.
[19]) Ebendas.

leichterung des Verkehrs, nur entweder Mass und Zahl oder hauptsächlich das Gewicht in Anschlag. In jedem dritten Jahr sollte übrigens eine Revision des Tarifs stattfinden.

So hat denn einer der grössten Staatsmänner Englands — „one of the earth's great spirits" — Wilhelm Huskisson in der Sitzung des Unterhauses vom 7. Mai 1827 seine glänzende Rede „of the state of the british commercial shipping interest", worin er die falschen Vorstellungen seiner Landsleute von dem preussischen Tarif widerlegte, mit dem Ausdruck zuversichtlicher Hoffnung geschlossen, es möge die Zeit kommen, wann die Engländer im Stande sein würden, sich eines gleichen Tarifs zu rühmen.[70]) Und schon im Jahr 1820 sprach sich die City von London in einer Petition an das Unterhaus über die preussische Reform der Handelspolitik und das durch sie der Welt gegebne Beispiel dahin aus, dass eine auf diese Prinzipien begründete Politik den Welthandel zu einem Austausch allseitiger Vortheile machen und über die Bewohner eines jeden Staats ein Füllhorn von Wohlstand und Lebensgenüssen ausschütten würde.[71])

Einen Fehler aber hatte das vortreffliche Gesetz! Er lag freilich nicht in ihm, sondern in den geschichtlich gegebenen Verhältnissen des Vaterlandes. Es war ein Gesetz für den preussischen Staat und — Preussen ist nicht Deutschland. Wohl war es eine segensreiche Nothwendigkeit für jenen Staat, ein gewaltiger Fortschritt zu der wünschenswerthen Herstellung einer wirklichen Einheit der zehn Millionen Deutsche, welche darin lebten, ein erstes mächtiges Bollwerk deutscher Interessen dem Ausland gegenüber, ein epochemachendes Ereigniss in der Geschichte der Freiheit des Welthandels — und doch, wie nicht geleugnet werden kann, nach den übereinstimmenden und gewichtigen Zeugnissen der öffentlichen Meinung der Nation:[72]) ein Fluch für Deutschland!

---

[70]) „I trust that the time will come, when we shall be able to say as much for the Tariff of this country". Speeches of the right honourable William Huskisson, III. 131. Ranke, a. O., S. 83.

[71]) „That a policé, founded on these principles, would render the commerce of the world an interchange of mutual advantages, and diffuse an increase of wealth and enjoyments among the inhabitants of each state". Diese Petition machte W. Huskisson zur Grundlage seiner Rede vom 24. Febr. 1826, „exposition of the effects of the free trade system on the silk manufacture", Speeches II, 465. G. Fischer, a. O., S. 330, Anm. 29.

[72]) Man ist immer versucht, anzunehmen, es sei von einem andern Gesetze die Rede — wenn z. B. Friedrich List überzeugt ist, „dass durch die Aufrechthaltung dieses Zollgesetzes der deutsche Handel total ruinirt würde".

Ein Blick auf die Landkarte löst das Räthsel. Zwischen den westlichen und östlichen Provinzen des Staates, welcher damals seine äussern Grenzen mit Zolllinien umgab, liegen mehr als zwanzig deutsche Bundesstaaten. Sie waren für Preussen in handelspolitischer Hinsicht — Ausland.

Ohne eine kraftvolle Reaction gegen das Ausland war überhaupt keine Verbesserung zu erwarten. Preussen übte sie nun, übernahm sie. Die erforderlichen Maassregeln, wenn nicht jede fremde Macht sie als eine besonders ihr zugefügte Feindseligkeit betrachten sollte, mussten ganz allgemeine sein: so trafen sie die benachbarten deutschen Staaten mit derselben Härte, wie die Fremde.[23])

Ja mit grösserer Härte! Denn die Berührungen der deutschen Staaten unter sich sind viel häufiger, ihre natürlichen Handelsverbindungen viel inniger, als die des Auslands mit Deutschland im Ganzen genommen. Wenn Ein grosser Canal, der in das ferne Ausland führt, durch das Mauthsystem eines deutschen Staates verstopft wird, so verstopft es gleichzeitig zehn und hundert Canäle, die es mit seinem deutschen Nachbar im täglichen Verkehr verbindet. Kein deutscher Staat konnte die Mittel, die ihm zum Schutz der einheimischen Industrie zu Gebot standen, gebrauchen, ohne dem deutschen Nachbar mehr als dem Fremden wehe zu thun.[24]) Zumal Preussen.

Bei der ersten Kunde von dem neuen Zollsystem regte sich in den deutschen umliegenden Staaten ein Gefühl drohender Gefahr. Die Neuerung war langsam vorbereitet; fast unmittelbar nach Beendigung der Kriege ward, da es für Preussen kaum eine dringendere Angelegenheit gab, Hand angelegt: die Verordnung vom 17. Januar 1816[25]) machte den Anfang; ihr folgten weitere

---

[23]) Ranke, a. O., II, 112.

[24]) Die obigen Sätze sind der berühmten Denkschrift von Friedrich Nebenius aus dem Jahr 1819 entlehnt; sie zielen auf die preussische Gesetzgebung von 1818, welche Nebenius ebenso missbilligt hat, wie Friedrich List sie verurtheilte. Vgl. C. F. Nebenius, Denkschrift für den Beitritt Badens zu dem zwischen Preussen, Bayern, Württemberg, den beiden Hessen und mehren andern deutschen Staaten abgeschlossenen Zollverein, Karlsruh 1833, Anhang S. 3. — Friedrich List's gesammelte Schriften, herausgegeben von Ludwig Häusser, Stuttgart u. Tübingen 1850, zweiter Theil, S. 19. — G. Fischer, a. O., S. 330, Anm. 29.

[25]) Aufhebung des seit 1779 bestehenden Verbots aller Ausfuhr geprägten Goldes und Courants „als den gegenwärtigen Handelsverhältnissen nicht mehr angemessen" (nur für die Scheidemünze blieb vorläufig das Ausfuhrverbot in Kraft); Ranke, a. O., II, S. 77, Anm.

Schritte präparatorischer Art: am 7. Februar,[26]) 9.[27]) und 16. Mai,[28]), 10.[29]) und 11. Juni[30]) 1816, 3. November 1817.[31]) In dem Gesetz vom 11. Juni war deutlich angekündigt, „die Regierung beabsichtige, den Verkehr der Unterthanen durch ein allgemeines und einfaches Grenzzollsystem von den Hindernissen zu befreien..."[32]) Seit diesem Tage konnte kein Zweifel darüber sein, dass die Einführung einer Zollverfassung, die hinlänglich charakterisirt war, nahe bevorstand.

Gleichwohl trösteten sich die Nachbarn mit der vorgefassten Meinung von der gänzlichen Unausführbarkeit.[33]) Diese Meinung befestigte sich, als Monate vergingen, ehe das Gesetz, welches der König am 26. Mai vollzogen und dessen Inhalt kein Geheimniss geblieben, Aufnahme in die Gesetzsammlung fand. Der Grund der Zögerung lag in dringenden Vorstellungen preussischer Fabrikanten gegen die Aufhebung der Einfuhrverbote. Am 5. September endlich wurde das Gesetz publicirt.[34]) Das wirkte nun doch wie eine Ueberraschung: was man für unmöglich gehalten, das verwirklichte sich. Ein Schrei des Entsetzens ging durch ganz Deutschland.

Noch ein andres Verhältniss kommt dabei sehr in Betracht, das der Enclaven. Dreizehn deutsche Staaten hatten Landestheile, welche vom preussischen Staatsgebiet umschlossen lagen.[35]) Dieses gegen den unbesteuerten Eingang fremder Erzeugnisse möglichst zu verschliessen, war auch hier die Aufgabe der neuen Gesetzgebung, wenn sie ein allgemein durchgreifendes Verbrauchsteuersystem einführen und im Innern den Verkehr zwischen Stadt und Land frei machen

---

[26]) Transitorische Modification der bestehenden Abgaben von fremdem Zucker, mit Hindeutung auf künftige zweckmässigere Regulirung des Verhältnisses der Fabrications- und Consumtionsbesteuerung dieses Gegenstandes; Ranke, a. O.
[27]) Vorläufige Aufstellung einer gleichbestimmten Regel für Ausübung des Salzregals; Ranke, a. O.
[28]) Einführung eines übereinstimmenden Systems der preussischen Masse und Gewichte; Ranke, a. O.
[29]) Wie die Verordnung vom 9. Mai; Anm. 27.
[30]) Aufhebung der Wasser-, Binnen- und Provinzialzölle, zunächst in den alten Provinzen der Monarchie; Ranke, a. O.
[31]) Beginn einer Umgestaltung der öffentlichen Geldinstitute, wie sie dem preussischen Credit- und Handelswesen unentbehrlich schien; Ranke, a. O.
[32]) Ranke, a. O.; Viebahn, a. O.
[33]) Das preussische Zollwesen von H., Ranke, a. O., erster Band, S. 430.
[34]) J. G. Hoffmann, die Lehre von den Steuern, Berlin 1840, S. 349.
[35]) Viebahn, a. O., S. 152.

sollte.[36]) Wie wollte man die Zolllinie undurchbrochen behaupten, solange es hinter derselben enclavirte selbständige Länder gab, die ihr eignes System befolgten und nothwendig dem Schleichhandel Thür und Thor eröffneten?[37]) Darin lag ohnehin die Ursache, wesshalb die Liberalität der neuen Gesetzgebung gleich einer Verstärkung der Handelsbeschränkungen auf die Nachbarstaaten wirkte: das neue System wurde drückender, als das frühere, weil seine strenge Vollziehung durch zweckmässige Einrichtungen ungleich mehr gesichert erschien.[38]) Ein hartes Zollgesetz, das leicht zu umgehen ist, mag erträglicher scheinen, als ein freisinniges, welches den Schmuggel erschwert. Doch gerade in Betreff der Enclaven mangelte jedwede Garantie; hier war keine Möglickkeit vorhanden, der Contrebande zu wehren; und somit wäre, da der Staat seine Pforten zu schliessen nicht vermocht hätte — eine Macht und eine Befugniss, die jeder Hauseigenthümer hat und täglich übt — die neue Gesetzgebung überhaupt unausführbar gewesen. Hierauf hatte denn auch der vorhin erwähnte blinde Glaube getrotzt: wie durfte Preussen es wagen, Landestheile unabhängiger Staaten in seine Zolllinie einzuschliessen! Oder sollte Preussen seine Zolllinien so tief in das Innere zurückziehen, dass jene Enclaven ausserhalb derselben blieben? Etwas der Art geschah in der That; die Kreise Erfurt, Schleusingen, Ziegenrück und Theile des Merseburger Regierungsbezirks waren ausserhalb der Zolllinie gelassen. Aber sollte dies im vollen Umfange geschehen, so würde ein beträchtlicher Theil des Preussischen Staats für diesen zum Ausland geworden sein. Er hätte dann das Einkommen aus Verbrauchssteuern, das diese Landestheile bringen, aufgeben und den Verkehr zwischen ihnen und der Hauptmasse der Monarchie zum Nachtheile Beider durch Zollschranken unterbrechen müssen.[39]) Dagegen unterbrach jetzt die preussische Zolllinie den Verkehr dieser zahlreichen fremdherrlichen Enclaven mit den übrigen Landestheilen ihrer Staaten und unterwarf Unterthanen andrer deutscher Souveräne, was denn doch wirklich unerhört war, der preussischen Verbrauchsbesteuerung. Die Anwendung des preussischen Gesetzes vom 26. Mai 1818 auf die Enclaven bestimmte ein einfaches königlich preussisches Ministerial-Rescript, infolge dessen z. B. aus

---
[36]) J. G. Hoffmann, a. O., S. 315.
[37]) Ranke, a. O., II, 99.
[38]) Nebenius, in der deutschen Vierteljahrsschrift, a. O., S. 325.
[39]) J. G. Hoffmann, a. O., S. 348.

dem zum Grossherzogthum Sachsen gehörigen Amt Allstädt 8911 Thlr. 17 Sgr. 8 Pf. jährlich in die preussische Staatskasse flossen.[40])

Galt nun schon das Unternehmen Preussens gegenüber den benachbarten deutschen Staaten als beispiellose Verletzung völkerrechtlicher und bundesrechtlicher, sogar alter reichsstaatsrechtlicher Verpflichtungen, als ein frevelhafter Angriff auf die natürliche Freiheit des Verkehrs, so entstand über die Behandlung der Enclaven, über diesen Eingriff in die Hoheitrechte deutscher Souveräne eine masslose Entrüstung.

Zögernd erfolgte die Ausführung: an der besonders mit Enclaven besetzten Grenze erst vom Neujahr 1819; da jedes Zeichen von Zurückhaltung als ein Schwanken ausgelegt wurde, traf die Massregel, welche den letzten Zweifel abschnitt und das letzte Hoffen enttäuschte, wie ein ganz unerwarteter Schicksalsschlag.

Je reicher an mannigfacher Bildung die am schmerzlichsten berührten Gegenden Deutschlands sind und waren, je lebendiger sich dort Wort und Schrift regten, um desto wirksamer übertäubten die Aeusserungen, welchen sich ihre Bevölkerungen überliessen, jede allgemeine Betrachtung."[41])

Längst waren alle grossen Staaten mit Zolllinien umgeben; streng abgeschlossen stand Oesterreichs Prohibitivsystem. Auch Preussen hatte seit mehr als einem Menschenalter seine Linien, die es nur eben vorrückte, als die Staatsgrenzen sich erweiterten. Eben jetzt entsagte es allen Prohibitivmassregeln (bis auf Salz und Spielkarten), befreite Einfuhr und Ausfuhr wie kein zweiter grosser Staat. Aber die Lage dieser Monarchie und ihr Verhältniss zum übrigen Deutschland ist nun einmal einzig in ihrer Art. Indem Preussen den namhaftesten Fortschritt im wirthschaftlichen Leben machte, der doch zunächst zehn Millionen Deutschen zu Gute kam und seiner ganzen Bedeutung nach die gesammte Nation auf eine höhere Stufe der Entwicklung zu heben geeignet sein sollte, war gleichwohl damit die unvermeidliche Folge verbunden, dass das ausserpreussische Deutschland in seinen Interessen auf das Empfindlichste verletzt wurde und dass zu den bittersten Klagen über den heillosen Druck des neuen preussischen Zollsystems gerechter Anlass gegeben war. Was daher zur Vereitelung der grossen Zwecke, die Preussen verfolgte, nur irgend dienen

---

[40]) Eingabe der Bewohner an den Grossherzog, vom 8. December 1819.
[41]) Ranke, a. O., I, S. 439.

konnte, das Alles schien erlaubt, schien geboten. Denn stand nicht diese verhasste, auf Bereicherung der Staatscasse berechnete, die deutschen Bruderstaaten bedrückende und in Betreff der Enclaven die Souveränetät von Bundesgenossen beeinträchtigende preussische Handelspolitik im schroffsten Gegensatze zu der grossen Aufgabe einer deutschen Handelspolitik? War die letztere nicht klar vorgezeichnet? Galt es nicht, mit Aufhebung aller Sperrungen durch Zoll- und Mauthlinien in dem Innern Deutschlands, mit Herstellung vollkommenster Handels- und Gewerbefreiheit als einer unerlässlichen Bedingung der Einheit Deutschlands, die Aus- und Eingangszölle an die Grenzen des Bundes zu verlegen? Wenn nicht schon längst, so musste jetzt Angesichts der neuen Scheidewand, welche Preussen errichtet, jenes Strebeziel der Nation zum Bewusstseinkommen. Und so geschah es; eben jetzt. Es bildeten sich Vereine von Kaufleuten und Fabrikanten, die in Denkschriften und Adressen ihre Ueberzeugungen niederlegten, die immer zahlreicher wurden und deren Agenten die Höfe bereisten und die Regierungen zu gewinnen suchten. Die Wissenschaft bot diesen Bestrebungen die Hand; Friedrich List stellte sein reiches Wissen und eine unerschöpfliche rastlose Rührigkeit in den Dienst der grossen Sache. Staatsbeamte widmeten ihr die Unterstützung, welche Sachkunde und praktische Erfahrung zu bieten vermochten. Mitten in dem Principienstreit über die Grenzen constitutioneller Befugnisse und monarchischer Prärogativen kamen die materiellen Interessen des Volks auf die Tagesordnung der jungen Ständeversammlungen — eine für manche Minister nicht unerwünschte Wendung der Dinge.

Freilich war es nicht genug, handelspolitische Ansichten aufzustellen, ideale Möglichkeiten eines gemeinschaftlichen Widerstandes gegen das Ausland zu eröffnen.[43]) Wenn die deutschen Staaten ihre Zölle aufgeben sollten, wo fanden sie den Ersatz für die Einbusse ihrer Finanzen? Die Frage wurde, da sich das System der indirecten Abgaben mit dem Zollwesen auf das Engste vereinigt und vermischt hatte, zur Finanzfrage und berührte den Nerv des ganzen Staatshaushalts. Nahm der Handel grössere Freiheit in Anspruch, als er früher genossen, so waren dagegen die Bedürfnisse der Staaten ihrerseits auch gestiegen und machten eine grössere Summe indirecter, nicht ohne Belästigung aufzubringender Abgaben erforderlich. Schon jeder einzelne Staat hatte mit diesem

---

[43]) Ranke, a. O., II, S. 73.

Widerstreit zu kämpfen.⁴³) Wie weit grösser aber wurde die Schwierigkeit, wenn etwas Gemeinschaftliches geschehen und die Interessen der verschiednen deutschen Länder sowohl in mercantiler als in finanzieller Hinsicht ausgeglichen werden sollten. Darauf kam nun eben Alles an.⁴⁴)

Indessen das Eine erschien doch als völlig unzweifelhaft: sollte diese für die Gesammtheit der Nation, ihre Blüthe, ihr inneres Gedeihen unendlich wichtige Aufgabe erfüllt werden, so war vor allen Dingen Preussens Eigenwille zu brechen. Den berechtigten Forderungen dieses Staats entgegenzutreten gedachte Niemand. Darüber aber, wozu Preussen berechtigt sei und wozu nicht, sollte doch wohl nicht Preussen allein, sondern der Bund zu entscheiden haben. Handelte es sich ja nicht um die specifischen preussischen, vielmehr um die allgemeinen deutschen Interessen! Solange man sich nicht in Berlin zu dieser Anschauung bekehrte, musste allerdings jeder Versuch, eine Verständigung herbeizuführen, fruchtlos sein.⁴⁵) In Berlin war man weit davon entfernt! Um so eifriger vertieften sich Patrioten ausserhalb Preussens in die Betrachtung, dass das einzelne Glied sich dem Ganzen zu fügen habe und dass, wenn es nicht willig sich unterordne, der Gehorsam zu erzwingen sei.

Eine gemeinschaftliche Berathung der deutschen Bundesregierungen über Handel und Verkehr zwischen den deutschen Bundesstaaten hatten die sämmtlichen Bundesglieder sich in der förmlichsten und feierlichsten Weise vorbehalten. Nämlich bei der Stiftung des Bundes: dieser Vorbehalt ist in dem Bundesgrundgesetz ausgesprochen; er bildet den Inhalt des Artikel 19 der Bundesacte. Wohl bedeutet er nicht dasselbe, wie jenes Programm des freien Handels im Innern, der Zollschranken an den Grenzen des deutschen Bundes. Der Artikel 19 verpflichtet lediglich zu einer Berathung über Handel und Verkehr. Aber auf diesem Wege musste das Ziel erreicht werden! Der gemeinschaftlichen Berathung durfte sich kein Bundesstaat, durfte nicht Preussen

---

⁴³) Diese schwierigste Aufgabe der Ausgleichung der widerstreitenden volkswirthschaftlichen u. finanziellen Interessen hatte eben für Preussen die Gesetzgebung von 1818 nach dem übereinstimmenden Urtheil aller Sachkundigen, z. B. der Engländer (s. ob. Anm. 21 u. 22), auf meisterhafte und originelle Weise gelöst. G. Fischer, a. O., S. 330.
⁴⁴) Ranke, a. O., S. 73. 74.
⁴⁵) Damals wie in unsern Tagen. Vgl. einen Brief aus München vom 16. März 1865 in der Oesterreichischen Zeitung, abgedruckt in den Hamburger Nachrichten vom 20. März 1865.

sich entziehen. Der Ausgang dieser Berathung konnte im ungünstigsten Falle kein andrer sein, als dass das Haupthinderniss einer deutschen Handelspolitik erkannt und hinweggeräumt würde — die preussische Sonderpolitik! Die öffentliche Meinung liess sich nicht dadurch beirren, dass jener Weg des Artikel 19 bereits betreten worden war, ehe Preussen sein Zollwesen reformirte, und dass er ohne Erfolg betreten war. Am 19. Mai 1817 hatte Württemberg den gewiss bescheidnen Antrag gestellt, dass die Beschränkungen und Verbote der Ausfuhr von Getreide und Schlachtvieh, die von mehreren Bundesregierungen während der damaligen Theuerung verhängt worden, im allgemeinen Interesse aufgehoben werden möchten.⁴⁶) Sofort war ein Ausschuss niedergesetzt, der eifrig den Entwurf zu einer Uebereinkunft zwischen sämmtlichen deutschen Staaten über die Freiheit des Handels mit Getreide und Schlachtvieh ausarbeitete. Damals hatte Preussen die Dringlichkeit gemeinsamer Massregeln anerkannt und sich bereit erklärt, der vorgeschlagenen Uebereinkunft beizutreten! Die ganze Sache, die denn doch ein Minimum dessen war, was jene grosse Aufgabe deutscher Handelspolitik anstreben sollte, scheiterte. Als Bayern seine Zustimmung an die unmögliche Bedingung geknüpft hatte, dass alle Bundesstaaten auch mit ihren nicht zum Bunde gehörigen Ländern unwiderruflich der Uebereinkunft beiträten, als Hannover sich gegen die verpflichtende Wirkung eines Mehrheitsbeschlusses verwahrt, als Mecklenburg verlangt hatte, dass die Angelegenheit der freien Vereinbarung der einzelnen Staaten überlassen würde, da beantragte Oesterreich, das aus weiser Zurückhaltung nicht herausgetreten, neue Berichterstattung an die Regierungen. Und sie beschloss der Bundestag am 14. Juli, womit denn die „gemeinschaftliche Berathung" über Handel und Verkehr ad graecas Calendas vertagt war. Vergebens regte am 10. Februar 1818 Württemberg den Gegenstand nochmals an; es kam kein Beschluss zu Stande.⁴⁷)

Nichtsdestoweniger drängte die öffentliche Meinung immer wieder auf „den Weg gemeinschaftlicher Berathung". Die Erfüllung des Artikel 19 der Bundesacte, dessen einfacher Inhalt ganz überschwänglich aufgefasst wurde, war fortan die Losung der Freunde des Vaterlandes: als das unter allen

---

⁴⁶) Ilse, Geschichte der deutschen Bundesversammlung, insbesondere ihres Verhaltens zu den deutschen National-Interessen, Marburg 1861, Band I, S. 184 fg., 407 fg. G. Fischer, a. O., S. 328.
⁴⁷) G. Fischer, a. O.

Umständen zu beseitigende **Haupthinderniss** galt allgemein das preussische Gesetz vom 26. Mai 1818. —

Der deutsche Bundestag hat, solange er lebt, das Unglück gehabt, verkannt zu werden.[47]) Ich fürchte, dieses Loos theilt er naturgemäss mit der obersten Behörde eines jeden Staatenbundes. Denn es versteht sich von selbst, dass einerseits von der Centralgewalt eines Staatskörpers erwartet wird, sie werde leisten, was die Einzelnen, auch zusammengenommen, nicht leisten können: das ist ja Sinn und Wesen politischer Organisation —, dass anderseits das Organ des Staatenbundes im günstigsten Fall nicht mehr vermag, als was die einzelnen Staaten zusammengenommen wollen und vermögen. An dem Guten, was etwa der deutsche Bund vollbracht hat, ist der Bundestag so unschuldig, wie an dem, was unterlassen worden, und an dem, was gesündigt ist: die einzelnen Staaten sind es, denen Lob oder Tadel gebührt. La volonté générale ist etwas Andres als la volonté de tous: im Staatenbunde gibt es nur ein Organ der letzteren, nicht der ersteren, eine Summe von staatlichen Individual-Existenzen, keine wahre Centralgewalt. Die vage Unbestimmtheit der Bundesacte, die ja nur die Grundzüge einer Verfassung enthielt und enthalten sollte, und der tiefe Drang, welchen jede Nation empfindet, ein Staatsganzes zu bilden, macht es erklärlich, dass in den Honigmonden des deutschen Bundes die Versammlung in der Eschenheimer Gasse selbst über ihre Bestimmung sich Illusionen machte und den Traum der Centralgewalt träumte. Nichts konnte die Regierungen mit grösserem Entsetzen erfüllen, als die Wahrnehmung, dass der permanente Congress ihrer eignen Bevollmächtigten Miene machte, „ein Etwas" über den deutschen Staaten vorzustellen. In der That, es finden sich Spuren davon, dass die Bundesversammlung die Sprache eines Süzeräns führte: von Oben herab erliess sie Warnungen und Ermahnungen an den Kurfürsten von Hessen! Karl August

---

[47]) In der Sitzung vom 27. März 1863 ist gegen den Bundestag und im Schosse desselben sogar der Vorwurf der Ueberstürzung erhoben worden: das Präsidium verwahrte darauf feierlich den Bundestag gegen die ihm zur Last gelegte Ueberstürzung! Und wahrlich dieses österreichische Präsidium, das bald auf ein halbes Jahrhundert hingehaltner Beschlüsse, vertrödelter Anträge, begrabner Lebensäusserungen, erstickter Hoffnungen, endloser Ausschussberathungen, verewigter Instructionseinholungen zurückzublicken hat, darf in Betreff der „Ueberstürzung" mit Schiller ausrufen: Zum Himmel heb' ich meine reinen Hände! Trotz alledem wird man die Hannoverische Abstimmung vom 27., welche den Vorwurf begründet, für unwiderleglich halten. — Dieses Votum entwickelt übrigens, in meisterhafter Form, Ansichten über den Staatenbund, welche den oben ausgesprochnen entgegengesetzt sind.

von Weimar, durch die Höfe von Wien und Berlin in Betreff der Presse seines Landes zur Rede gestellt, gab den Anstoss zu Bundestagsverhandlungen über den Artikel 18, über eine Pressfreiheit für ganz Deutschland! Wie, wenn die constitutionellen kleineren Bundesstaaten ihre Gesandten in Frankfurt im Sinn ihrer Kammern instruirten, am Bundestag eine liberale Mehrheit zu Stande brächten und auf diesem Umwege, durch die Bundesversammlung und im Einklang mit der öffentlichen Meinung den mächtigeren Bundesgliedern das Gesetz dictirten?

Sorgen dieser Art — um die „Unbestimmtheit oder Verkennung der der Bundesversammlung zustehenden Befugnisse" — haben über Frankfurt hinaus erst nach Karlsbad,[48]) dann nach Wien[49]) geführt. In Karlsbad versicherte

---

[48]) Oster-Programm des Akademischen Gymnasium, 1861, S. 1—40; dann im Buchhandel: Aus dem Jahr 1819, Beitrag zur deutschen Geschichte von L. K. Aegidi, Hamburg, Boyes und Geisler, 1861, in zweiter vermehrter Auflage 1862.

[49]) Urkundenbuch zur Wiener Schlussacte, herausgegeben von L. K. Aegidi, als Festgeschenk des Akademischen Gymnasium zur Jubelfeier der Universität Berlin; dann im Buchhandel: Die Schluss-Acte der Wiener Ministerial-Conferenzen zur Ausbildung und Befestigung des deutschen Bundes, Urkunden, Geschichte und Commentar von L. K. Aegidi, erste Abtheilung, die Urkunden, Berlin, G. Reimer, 1860. Die zweite Abtheilung ist noch nicht erschienen, weil in ununterbrochener Reihenfolge bisher eine deutsche Staatsregierung nach der andern die Liberalität gehabt hat, dem Verfasser ihre Archive zu öffnen, und weil dieser es vorzieht, jeden gerechten oder ungerechten Tadel zu tragen, als seine Untersuchungen leichtfertig abzuschliessen. Der Verleger, welcher leider den Preis für das Ganze vorausbestimmt hat und sogar einen solchen, der durch die erschienene erste Abtheilung reichlich aufgewogen wird, ist den absurdesten Beschwerden ausgesetzt gewesen und deutsche Buchhändler haben alberne Beschuldigungen, statt sie zurückzuweisen, an die Adresse des verdienstvollen Collegen befördert. — Aus den Vorarbeiten zur Geschichte der Wiener Schluss-Acte, für den obigen Beitrag entstanden. Dass er zur Vorgeschichte des Zollvereins, nämlich über die Hergänge der Jahre 1819 und 1820 neue Aufschlüsse bringt, wird wol auch durch Folgendes veranschaulicht. Die wichtige Schrift „Die Aufgabe der Hansestädte" (Hamburg, Perthes-Besser u. Mauke, 1847) sagt S. 83: „Die Protokolle der Wiener Ministerial-Conferenzen haben das Licht der Oeffentlichkeit bisher noch nicht erblickt" und rechtfertigt dadurch, dass sie nur Resultate mittheilen konnte d. h. wenig oder gar nichts. Nun, die Protokolle sind 1860 ans Licht getreten. Diese Protokolle benutzt mit dankenswerthem Eifer der neueste Historiker des Zollvereins, Herr Prof. Dr. G. Fischer in Jena (s. ob., Jena 1861). Aber die Protokolle stammen aus der Feder von F. Gentz; sie bedürfen eines Commentars, welchen zu geben Niemand vermag, der nicht die Gesandtschaftsberichte kennt; sie hüllen die Wahrheit in beredtes Schweigen. Die Materialien zu dieser Schrift sind aus sechs deutschen Archiven entnommen, aus Gesandtschaftsberichten an eine grosse Zahl deutscher Regierungen, u. A. aus den Immediatberichten des preussischen Staats- und Cabinets-Ministers Grafen v. Bernstorff an König Friedrich Wilhelm III. Für eine einzelne Angelegenheit die Untersuchung einstweilen abzuschliessen ist eher statthaft und mit dem wissenschaftlichen Gewissen vereinbar, als für eine ganze epochemachende Reihe von Verhandlungen, wie die der Wiener Ministerial-Conferenzen, aus denen die Wiener Schluss-Acte hervorgegangen ist.

man sich der Mehrheit der Regierungen und, ging dann auch nicht das ganze Programm der Badekur in Erfüllung, gab man in Wien auch alsbald den Vernichtungskrieg gegen das constitutionelle Wesen auf, zeigte man sich auch versöhnend, entgegenkommend, gewinnend, so wurde das Eine doch vollständig erreicht: durch den Ausbau der Bundesverfassung in der Wiener Schloss-Acte wurde der „Unbestimmtheit oder Verkennung der der Bundesversammlung zustehenden Befugnisse" ein Ende gemacht, wurde die Abhängigkeit des Bundestags besiegelt, seine völlige Nullität sichergestellt. Und zwar, wie die Dinge einmal lagen oder geschickt gelegt wurden, zur Zufriedenheit Aller!

Der erste Angriff gegen den Bundestag ist von den Regierungen ausgegangen: die politische Bedeutung, welche er, solange der Charakter des Staatenbundes, des „völkerrechtlichen Vereins" noch nicht in ganzer Schroffheit ausgebildet war, allenfalls erlangen konnte, ist durch die Regierungen selbst im Keim erstickt worden. So ist schon in früherer Epoche des deutschen Lebens eine Bundesgewalt an der Eifersucht derer, welche sie componirten, an der Abneigung der Fürsten und Städte, sich einer Autorität zu fügen, nämlich im 16. Jahrhundert das sog. Reichsregiment zu Grunde gegangen.[50])

Am Schlusse der neunten Karlsbader Conferenz, welche am 16. August 1819 stattfand,[51]) zeigte der Badische Minister Freiherr von Berstett zu Protokoll an, dass er einen Aufsatz wegen des freien Verkehrs unter den deutschen Bundesstaaten zur Mittheilung bei den Mitgliedern der Conferenz in Umlauf setzen wolle. Er wünsche, dass dieser Gegenstand gerade jetzt nicht umgangen, sondern ernsthaft beleuchtet werde, um gründlich und offen darzuthun, inwieweit die Ausführbarkeit im Allgemeinen möglich wäre oder doch vor der Hand wohlthätige Abänderungen des jetzigen Systems eintreten könnten, und welches die Hindernisse seien,[52]) die sich dem einem oder dem andern bestimmt entgegensetzen. Der Württembergische Minister Graf von Winzingerode nebst einigen Andern unterstützte diesen Antrag, um nach Verabredungen

---

[50]) Leopold Ranke, Deutsche Geschichte im Zeitalter der Reformation, dritte Ausgabe, Berlin, Duncker u. Humblot, 1852, zweiter Band, S. 31–52, 80–104. Es ist fast unbescheiden, dieses Meisterwerk der Geschichtschreibung zu rühmen; aber für weitere Kreise darf wiederholt werden, dass es wohl wenige Bücher gibt, die lehrreicher und genussreicher sind.

[51]) C. Welcker, Wichtige Urkunden für den Rechtszustand der deutschen Nation, Mannheim, Fr. Bassermann, 1844, zweite Auflage 1845, S. 139.

[52]) Die Anspielung auf das preussische Gesetz von 1818 ist wol nicht zu verkennen.

der Conferenz dieserhalb etwas an den Bundestag zu bringen. Dawider wurde geltend gemacht, wie die Sache von zu verwickelter Natur sei, um desshalb etwas in der Conferenz bestimmen zu können. Die Handelsvereine, welche sich zur Betreibung derselben gebildet und an den Bundestag gewandt hatten, schienen nicht geeignet, eine Handlung zu befördern, die nur infolge des 19. Artikels der Bundesakte am Bundestage vorgenommen werden könnte und bereits dort eingeleitet sei, und wobei sich auch die entgegenstehenden Schwierigkeiten noch mehr ergeben würden. Der Mecklenburgische Bevollmächtigte Freiherr von Plessen bemerkte noch, es würde praktisch sein, hiebei stufenweise zu Werke zu gehen und zunächst den beim Bundestag genugsam verhandelten freien Verkehr mit Lebensmitteln und demnächst immer weiter mit allen Erzeugnissen, sowie auch den ungehinderten oder nicht zu beschränkenden freien Durchgang zu befördern. Es sei dieses jedoch mit dem Zoll- und Mauthsystem, sowie solche gegenwärtig in mehreren, und zwar in den grösseren Bundesstaaten bestehen, schwer zu vereinigen. — Die Denkschrift d. d. Karlsbad den 15. August 1819, welche Berstett in Umlauf setzte,[13]) verfolgt nicht die Absicht, in das Detail der Fragen einzugehen, sondern nur das Interesse für eine Angelegenheit, von welcher Deutschlands Wohl wesentlich abhänge, bei den Regierungen aufs Neue zu erregen und zugleich Gründe anzugeben, wie sehr vorbereitende Schritte gerade jetzt heilsam und nothwendig seien. Der Badische Minister berief sich im Eingange derselben darauf, dass die beiden Kammern der Badischen Ständeversammlung einhellig und dringend die Motion um Freiheit des Handels im Innern der deutschen Bundesstaaten an die grossherzogliche Regierung gebracht hatten, die früher schon die grossen Vortheile einer solchen gemeinschaftlichen Anordnung erkannt und sich vollkommen davon überzeugt gehabt, dass diese Bitte der wahrhafte Ausdruck eines bis auf die untersten Volksklassen sich erstreckenden Wunsches sei. Die Badische Regierung selbst hatte den Anstoss zu jenen Verhandlungen ihrer Stände gegeben: als diese im April 1819 zusammentraten, liess Berstett unter die Mitglieder derselben eine Denkschrift lithographirt vertheilen, die einen

---

[13]) Welcker, a. O., S. 273—281. Nicht zu verwechseln ist diese Denkschrift mit der inhaltreichen und bedeutungsvollen von Fr. Nebenius, welche Berstett übrigens damals schon kannte; s. w. u.

bleibenden Werth für ganz Deutschland erlangt hat.[24]) Es war kein amtliches Gutachten, sondern die Privatarbeit eines geistvollen Mannes und echten Patrioten, der darin seine Ansichten und Vorschläge für eine gemeinsame Zolleinigung der deutschen Staaten niedergelegt hatte, wie dieselben später im deutschen Zollverein sich verwirklicht haben.[55]) Der Verfasser — Friedrich Nebenius — war nicht bei blossen Wünschen, wie sie damals in lebhaftester Weise namentlich Friedrich List kundgab, stehen geblieben; er hatte sich sofort an den Versuch gemacht, die schwere Aufgabe in positiver Weise zu lösen.[56]) Ein Ausspruch des grossen Mannes genügt, ihn als Kenner zu bezeichnen: „Die grösste Schwierigkeit, die der Einführung eines einheitlichen Zollsystems in Deutschland entgegenstand, glaubte ich in der Verschiedenheit der finanziellen Einrichtungen der einzelnen Länder zu finden."[57]) Er begann daher während der Bearbeitung seiner Denkschrift im Jahr 1818 sich mit dem Abgabensystem der einzelnen deutschen Staaten genau bekannt zu machen, um dadurch die Grundlage für Aufstellung eines entsprechenden Tarifsystems zu gewinnen und die Ausführbarkeit seiner Ansichten zu begründen. Nebenius theilte diesen classischen Aufsatz auf den Rath seines Freundes Dusch dem Minister Berstett mit, der, wiewohl er kein Finanzmann war, das rechte Verständniss dafür besass und namentlich scharfblickend genug war, um einzusehen, dass in einem Augenblick, wo der erregten Stimmung der Gemüther ein fester Damm zu setzen war, die Anregung einer volkswirthschaftlichen Bewegung, die so kräftig und ableitend auf die öffentliche Stimmung wirken konnte, höchst willkommen sei. — Zum Protokoll der zwanzigsten Karlsbader Conferenz vom 28. August gab der Württembergische Minister Graf von Winzingerode eine Erklärung ab, worin derselbe auf den von Berstett am 10. August angeregten Gegenstand zurückkam.[58]) Winzingerode ging davon aus, dass die

---

[54]) Dr. J. Beck, Karl Friedrich Nebenius, in „Unsre Zeit", Band 8, Leipzig, F. A. Brockhaus, 1864, S. 35—69; vgl. S. 52. Die Denkschrift ist erst 1833 veröffentlicht worden: C. F. Nebenius, Denkschrift für den Beitritt Badens u. s. w.; Karlsruhe 1833, Anhang (zu Seite 5), S. 1—32; der Verfasser erinnert, dass der Aufsatz im Jahre 1819 geschrieben wurde. Vgl. ob. Anm. 24.
[55]) Note des preussischen Ministeriums des Auswärtigen nach Karlsruhe vom 28. Februar 1833.
[56]) Beck, a. O., S. 51.
[57]) Beck, a. O.
[58]) Welcker, a. O., S. 297—300, bes. S. 299.

Regierungen in eben dem Augenblick, in welchem sie ernste Anmassungen
zurückwiesen, gerechte Beschwerden aufmerksam zu prüfen hätten; zu letzteren
rechne der König von Württemberg unter Andrem „die gegenwärtigen Ausdeh-
nungen der Beschränkungen des Handels in den Bundesstaaten"[39]) und habe
demgemäss dem Grafen befohlen zu beantragen, dass unter die Gegenstände,
die von Karlsbad aus zu erledigen oder anzuregen und zur Instructions-Einholung für die Bundestags-Gesandtschaften in Vorschlag zu bringen wären, [40]) auch
„eine — Erleichterung der bestehenden Handelsbeschränkungen bezweckende —
Interpretation des 19. Artikels" aufgenommen werde. Diese Erklärung
blieb nicht ohne Wirkung. In der zwei und zwanzigsten Karlsbader Conferenz,
am 30. August,[41]) verbreitete sich der Fürst Metternich über die darin ent-
haltenen Aeusserungen. Wie die in Karlsbad gefassten Beschlüsse dem dringend
Nöthigen volles Genüge leisten, so werde die nächste Zusammenkunft in
Wien (von der keine deutsche Regierung ausgeschlossen sein sollte) die beste
Gelegenheit darbieten, um jedem echten Grundsatze die gehörige Anwendung
und Ausbildung im Begriffe der Befestigung des Föderativbandes zu geben.
Darauf ging der Fürst auf das specielle Anliegen der Württembergischen Ein-
gabe in Betreff des Artikel 19 ein. Er erklärte, dass er, indem er die
Wichtigkeit dieser Frage erkenne, sich jedoch die im hohen Masse bestehenden
Schwierigkeiten der Aufgabe nicht bergen dürfe. „Deutschland bestehe aus
einer Verbrüderung souveräner Staaten, welche in ihrer Gesammtheit in dem
Europäischen Staatensystem als eine Macht erscheinen. Der Handel, seine
Ausdehnung wie seine Beschränkung gehören zu den ersten Befugnissen der souveränen Gewalt. In Deutschland könne demnach die Handelsfrage nicht allein in Beziehung auf die deutsche Gesammtmacht aufgenommen
und erwogen werden — denn der deutsche Handel bilde sich vor allem aus
jenem der deutschen Staaten —, diese Frage könne vielmehr nur in Erwägung
gezogen werden, wenn die erste, die vorläufige Bedingung, die Handelsverhältnisse,
unter den deutschen Staaten zu einer gedeihlichen Verständigung gereift sein
würde. Wie einseitig und demnach wie schwer die Erreichung dieses ersten

---

[39]) Wie Anm. 32.
[40]) In der „Präsidial-Proposition" an den Bundestag, mit deren Redaction ein Ausschuss der
Karlsbader Versammlung beschäftigt war.
[41]) Welcker, a. O., S. 171. 172.

Zieles sei, liege in der Natur der Dinge. Die hier versammelte Conferenz
könne das Geschäft weder beginnen, noch sich demselben selbst nähern, weil
sie dasselbe nicht beendigen könne. Sie könne nähere Grundsätze selbst nicht
aussprechen, denn die Grundsätze seien hier die Sache selbst. Der k. k. Hof
erachte demnach, dass in Beziehung auf die nähere Ausbildung des 19. Artikels
der Bundesakte vor der Hand geschehen sei, was geschehen konnte. Die
Bundesversammlung hat nämlich unterm 14. Juli 1817 eine Zeitfrist zur Berichts-
einholung über die Anwendung des 19. Artikels der Bundesakte eingeräumt.[42]
In die Zwischenzeit wird die Vereinigung zu Wien fallen. Dieser
Vereinigung könne mit allem Fuge jede nähere vorbereitende Beleuchtung der
Frage vorbehalten bleiben. Seine k. k. Majestät würden nicht nur mit Vergnügen
der möglichsten Einigung entgegensehen, sondern an Allerhöchstdenenselben
dürfte es wohl nicht liegen, wenn Sie durch die klarste und unbefangenste
Aussprechung jedes von Ihnen als wahr erkannten Grundsatzes, unter specieller
Berücksichtigung der Souveränetätsrechte der den Bund bildenden Staaten und
deren eigenthümlicher Lage und Verhältnisse zu einem definitiven Verständnisse
nicht beizutragen vermöchten." In der letzten Conferenz,[43] am 31. August,
bezeichnete Fürst Metternich die Gegenstände, welche demnach in Wien zu
berathen sein würden; es waren im Ganzen zehn Punkte; unter diesen hiess
es: „6) Die Erleichterung des Handels und Verkehrs zwischen den
verschiednen Bundesstaaten, um den Artikel 19 der Bundesakte
zur möglichsten Ausführung zu bringen, soviel die Verschieden-
artigkeiten der Localitäten, und besonders die Steuer-Systeme der
einzelnen Bundesstaaten solche zulassen können."[44]

---

[42] S. ob. Anm. 46 u. 47.
[43] Die Schlussconferenz fand Mittwoch den 1. September (Mittags 1 Uhr) statt, doch nur zur
Vollziehung des Protokolls; die Berathungen wurden am 31. August beendigt. Aegidi,
Aus dem Jahr 1819, zweite Auflage, Hamburg, Boyes und Geisler, 1862, S. 64.81. Dazu
die Tagebücher von Fr. v. Gentz, Leipzig, F. A. Brockhaus, 1861, S. 263. Ueber
diese Tagebücher: Aegidi, Aus dem Jahr 1819, zweite Auflage, S. 29, Anm. 2.
[44] Welcker, a. O., S. 179.

Die Wiener Ministerconferenzen wurden Donnerstag den 25. November 1819 durch den Fürsten Metternich, in dessen „grossem Vorzimmer" die Sitzungen stattfanden, Nachmittags 2 Uhr eröffnet. Der Fürst, „mit der ihm eignen Ruhe und Beredsamkeit," trug vor, dass nach der Ansicht des Kaisers „über die zur Sprache kommenden bekannten Punkte keine diplomatische Cabinetsverhandlungen, sondern vertrauliche Besprechungen aller durch ihre Bevollmächtigten anwesenden Regierungen Deutschlands gleichsam wie in einer Familie stattfinden sollten, um Beschlüsse zu fassen, wonach demnächst die Bundesgesandten zu instruiren sein würden." Seine Gedanken darüber in einem Vortrage zu entwickeln, sowie sich über die zu berathenden Punkte und deren Ordnung zu erklären, behielt sich der Fürst für die nächste Sitzung vor. „Für jetzt komme es nur darauf an, die Form des Geschäftes zu verabreden." In dieser Hinsicht äusserte Metternich die Meinung, „die künftigen Arbeiten seien durch Committees vorzubereiten, deren Vorträge zu weiteren Discussionen Anlass geben würden, worauf dann die vielleicht mehr als einmal nothwendige Zurückweisung an die Committees oder wirkliche Beschlüsse erfolgen würden." Dies veranlasste einige Aeusserungen darüber, ob es nicht rathsam sei, dass jeder die Vorträge der Committees in Händen habe, bevor er sich darüber erkläre, welches bei schwierigen Gegenständen vorläufig als zweckmässig angesehen ward. Ueber die Wahl der Committees kam nichts weiter vor, als dass der Fürst dafür hielt, sie werde sich von selbst ergeben. Endlich ward noch festgesetzt, dass man sich in der Regel dreimal in der Woche[*]) um 11 Uhr versammeln und — falls der niederländische Gesandte, Herr von Falck, der noch fehlte, bis dahin ankomme, am Sonnabend, sonst am Sonntag wieder zusammentreten werde. Für das nächste Mal solle, wie diesmal, eine schriftliche Einladung erfolgen. Ueber keinen der erwähnten Punkte wurde förmlich abgestimmt; die meisten Gesandten sprachen wenig oder gar nicht; namentlich von der hannovrischen Gesandtschaft war kein Wort zu hören: die vorgekommnen Gegenstände schienen unter einigen der ersten Gesandten, wenigstens zum Theil, vorher besprochen zu sein, weshalb denn auch schon vorher darüber Einiges verlautet hatte. — In der zweiten Sitzung, am 28. November, legte Fürst Metternich „in einem meisterhaft

---

[*]) Nach dem Beschluss vom 28. November: „falls keine andre Abrede getroffen würde, am Dinstag, Donnerstag, Sonntag."

gearbeiteten Vortrage" die Ansichten des Kaisers von dem Zweck und dem Standpunkt dieser Conferenzen dar und verband damit in einem zweiten Vortrage die Gesichtspunkte Oesterreichs in Beziehung auf den deutschen Bund.[46]) In der Beilage zum ersten Vortrag hatte Metternich die Folgeordnung der Gegenstände aufgestellt: „die Erleichterung des Handels und Verkehrs, um den Artikel 19 der Bundes-Acte zur möglichsten Ausführung zu bringen, u. s. w." bildete den zehnten Berathungsgegenstand.[47]) Hierüber wünschte der Fürst in der nächsten Sitzung die Meinung der Uebrigen zu vernehmen; ihm schien es rathsam, über mehrere Punkte gleichzeitig Committees zu ernennen und die Vorarbeiten zu beginnen, indem das Plenum weiterhin so lange unbeschäftigt sein dürfte, bis die Committees im Stande wären, Bericht zu erstatten. In der dritten Sitzung, welche vom 30. November auf den 1. December verlegt worden, kam es zur Vertheilung der Arbeiten. Metternich erklärte, wie es ihm ganz recht sein würde, wenn man die Wahlen mittelst eines scrutin secret vornehmen wollte; da indessen hierbei viel Zufälliges eintrete und mancher leicht sehr überhäuft werden könnte, so habe er mit der auch schon beim ersten Vorschlage[48]) bewiesnen Unparteilichkeit und mit möglichster Umsicht versucht, die Committees zu besetzen, mit dem Wunsche, dass man sich darüber frei erklären möge. Die Personal-Liste, welche der Fürst wahrscheinlich unter Zuziehung einiger Mitglieder der Versammlung entworfen, verlas er zweimal und gab sogar anheim, den Beschluss bis zur nächsten Sitzung auszusetzen. Es erklärten sich indessen Alle für den preussischen Staats-Minister Grafen von Bernstorff, der es befürwortete, die Vorschläge des Fürsten mit einigen kleinen Zusätzen sogleich anzunehmen. In diesen Zusätzen wurde z. B. der beiläufig bekannt geworfne Wunsch des Herrn von Berg erfüllt, an den Arbeiten über den Handelsverkehr theilzunehmen, ein Wunsch der nicht ohne Bedeutung war, da Berg die in der Angelegenheit der von Preussen so hart bedrängten Enclaven vorzugsweise

---

[46]) Aegidi, die Schluss-Acte der Wiener Ministerial-Conferenzen u. s. w., Berlin, G. Reimer, 1860, S. 6—13, 13—15.
[47]) Aegidi, Schluss-Acte S. 13.
[48]) In der Sitzung vom 28. November, in Betreff der Commission für die Competenz der Bundesversammlung, welche gleichsam die Grundlagen aufzustellen hatte, woron alle übrigen Berathungspunkte fast als Corollarien abzuleiten waren: Graf Bernstorff (Preussen), Freiherr v. Zentner (Bayern), Freiherr v. Berstett (Baden), Freiherr v. Plessen (Mecklenburg), v. Berg (Oldenburg, Anhalt, Schwarzburg).

interessirten Anhaltinischen Lande (neben Oldenburg, Schwarzburg u. s. w.) vertrat. Der zehnte Ausschuss über Handel und Verkehr bestand danach aus folgenden Mitgliedern: Graf Bernstorff (Preussen), Freiherr v. Berstett (Baden), Freiherr v. Zentner (Bayern), v. Falck (Niederlande für Luxemburg), Graf v. Einsiedel (Königreich Sachsen), Hach (die vier freien Städte), v. Berg (Oldenburg, Anhalt, Schwarzburg). Uebrigens wurde wiederholentlich erklärt, dass den Commissionen gewiss jede Mittheilung oder Aeusserung der darin eigentlich nicht arbeitenden Mitglieder der Versammlung willkommen sein und demnächst die freieste Discussion der Commissionsarbeiten statthaben werde. Diese Verabredung hatte zur Folge, dass die nicht zum Ausschuss gehörigen Mitglieder sich berufen fanden, den Commissionsmitgliedern die eignen Ansichten über die ihrer Vorberathung anvertrauten Gegenstände mit der nöthigen Umsicht zu eröffnen, damit sie in Betracht gezogen würden, bevor dieselben in der Plenarsitzung zur Sprache kämen. Später (in der Sitzung vom 16. Dezember) wurde die Frage berührt, „ob die Arbeiten der Ausschüsse jedesmal umständlich, mit Anführung der einzelnen Debatten — selbst dann, wenn Mitglieder die Einwände zurückgenommen — oder im letzten Falle bloss mit Darlegung des angenommenen Resultats und der Motive dazu vorgetragen werden sollten." Die Mehrheit neigte sich zur Bejahung dieser Frage im letzten Sinn; und so geschah es. — Wegen der Zeit und Folge der Commissionsarbeiten sich näher zu besprechen, war am 1. Dezember vorbehalten worden. Dies geschah in der folgenden Conferenz, am 4. Dezember. Man machte sich klar darüber,[69]) dass der Competenzausschuss fast alle übrigen Arbeiten basiren müsse; und, da dieser wohl noch mehrere Tage beschäftigt sein möchte, bevor er seine Arbeiten vorzulegen im Stande sein würde, so schien es das Beste, dass alle übrigen Arbeiten einstweilen ruhten, zumal die Mitglieder jenes Ausschusses auch an den andern Berathungen Theil nähmen. Um indessen Alles möglichst zu fördern, kam man überein, dass drei Commissionen sich sogleich constituirten.[70]) Der zehnte Ausschuss war nicht darunter.

---

[69]) D. h. man erkannte aufs Neue, wie schon am 28. November; vgl. Anm. 68.
[70]) Der zweite Ausschuss (Stimmenmehrheit), der fünfte (über Artikel 13 der Bundes-Acte) und der achte (Contingentstellung); letzterer sei, wie Fürst Metternich sich ausdrückte, eigentlich eine Supplications-Commission, die eine Ausnahme von dem schon bestehenden Gesetze nachsuche, und könne daher ganz unabhängig arbeiten.

Es sollte noch lange keine Rede davon sein. Doch von Anfang an boten Handel und Verkehr einen recht schwierigen Gegenstand des Nachdenkens dar! „Vielleicht der Gegenstand, welcher für Deutschlands allgemeine Beruhigung den wirksamsten Einfluss haben könnte", so schrieb schon am 30. October ein norddeutscher Conferenzbevollmächtigter seinem Souverän, indem er die Materialien zu seiner Instruction für Wien lieferte; er setzt aber hinzu: „Ich sehe nicht, was dabei herauskommen soll, wenn jeder Bundesstaat sein Steuersystem, seine Zoll-Mauth, Accise, Licent und Verbrauchsteuerwesen beibehalten will! indessen halte ich dafür, dass man in Wien ernstlich dahin wirken müsste, wenigstens die gröbsten Störungen und Hindernisse der allgemeinen Wohlfahrt zu entfernen, was mir keineswegs so schwer scheint, als manche Staatsmänner glauben." Wenn mit den gröbsten Störungen und Hindernissen der allgemeinen Wohlfahrt das preussische Steuersystem gemeint sein sollte, wie kaum zu bezweifeln ist, so musste unser norddeutscher Gewährsmann bald einsehen, dass jene Staatsmänner die Schwierigkeit, dasselbe „zu entfernen" nicht überschätzten. Er konnte bald Erfahrungen aus nächster Hand sammeln, wenn im zehnten Ausschuss, dessen Mitglied er war, der Vorsitzende, Graf Bernstorff, seine reservirte Haltung aufgab, von welcher Jener freilich einmal urtheilte: „Die Rolle des Grafen Bernstorff ist sonderbar passiv; denn man bemerkt bisweilen den Trieb, sich daraus herauszuarbeiten; aber bald wird der Versuch wieder aufgegeben." Graf Bernstorff konnte auch andre Saiten aufziehen, wie er denn am 6. Februar seinem Könige berichtet: „ich werde mich wahrscheinlich bald genöthigt sehen, mich entschieden dahin zu erklären, dass, wofern man nicht jeden Versuch, allgemeine und mit den in den einzelnen Bundesstaaten bestehenden Anordnungen unverträgliche Grundsätze aufzustellen, aufgibt, ich mich von jeder weiteren Theilnahme an diesen Verhandlungen werde lossagen müssen"; oder gar, wenn er in der stürmischen Sitzung vom 11. Mai „Ausfälle gegen das preussische Zollsystem" „durch sehr kategorische Erklärungen abzuweisen" sich genöthigt sah! Doch greifen wir nicht vor. In jenen ersten Stadien der Conferenzen, ehe noch der zehnte Ausschuss constituirt war, konnte auch ein sachkundiger andrer Bevollmächtigter den Regierungen der Kleinstaaten, die er vertrat, am 7. Dezember 1819 schreiben: „Man darf ... wohl hoffen, dass ... die neue preussische Zolleinrichtung eine Milderung erhalte." Und dieser Mann ist ziemlich frei von Illusionen, wenn er in demselben Berichte sagt: „Es scheint allmählich einzuleuchten, dass ganz Deutschland sich weder zu einem Retorsionsrechte gegen das Ausland, noch zur Verlegung aller Zölle an die deutschen Grenzen, wodurch namentlich die Bundesstaaten, welche zugleich Europäische sind, in ihrem Innern getheilt und zerstört werden würden, verstehen könne und dürfe. Indessen muss man doch etwas zum Frommen des deutschen Gewerbfleisses von hier mitbringen". Das klingt wahrlich kleinlaut genug; wenn er dann noch für den Verkehr mit Lebensmitteln im Innern nur „grössre" Freiheit erhofft, da ist dieser kleinstaatliche Gesandte gewiss von vornherein so ziemlich resignirt. Gleichwohl rechnet auch er auf eine Nachgiebigkeit Preussens in Betreff der neuen Zollgesetzgebung. Dies ist nicht dahin zu verstehen, dass er und Andre sich zur preussischen Regierung einer grossen Geneigtheit versahen, die eben ins Leben geführte Reform ganz oder theilweise rückgängig zu machen: im Gegentheil, man war auf halsstarrigen Widerstand gefasst, rechnete aber darauf, ihn brechen zu können. Je nachdem diese Hoffnung sank oder sich hob, wechselte völlige Verzagtheit mit freudiger Zuversicht. Immer galt die Vernichtung des preussischen Zollsystems als die Grundbedingung des Gedeihens einer deutschen Handelspolitik; wer am eifrigsten in dieser Richtung gegen Preussen arbeitete, der hatte das Ansehen, für Deutschland und die Handelsfreiheit der Thätigste zu sein. So berichtet ein mitteldeutscher Staatsmann, der am Tage vor Eröffnung der Conferenzen (24. November) prophezeit hatte: „für Handel und Wandel wird wenig geschehen", am 6. Dezember: „über Handel und Wandel, muss ich fürchten, wird wenig zu erhalten sein; Preussen will keinen Rückschritt, Bayern ebenfalls die Mauth nicht aufgeben; Oesterreichs System ist damit übereinstimmend; unter vielen Abgeordneten des Mittellandes, dass ich es so nenne, namentlich Württemberg, Baden, Hessen-Darmstadt, Nassau finde ich dagegen für die Handelsfreiheit thätige Beförderer — aber was wird auch deren Wunsch vermögen?" Und am 18. Dezember: „Die Aussicht, für den freien Handel und Wandel in Deutschland viel zu gewinnen, ist leider nicht gross; Preussen hält sein Zollsystem für so wesentlich mit seiner Steuer- und Finanz-Verfassung verflochten, als dass es auf bedeutende Modificationen desselben sich einlassen könne". Derselbe am 26. Dezember: „Handel und Wandel ist noch nicht öffentlich angefasst, sondern wird noch hinter dem Vorhang bearbeitet; Preussen versichert, dass es sein Zollsystem nicht aufgeben könne, hierin dem Bunde keinen Einfluss gestatte — Bayern und Oesterreich haben so ziemlich gleiches Verhältniss, also auch gleiche Stimmen; die thätigsten und unternehmendsten von unsern Gesandten und Ministern arbeiten nun soviel thunlich dem entgegen; darum sind Privatbesprechungen häufig, Aufsätze werden gewechselt, unter welchen von Baden ein ganz vorzüglicher ist, den ich mit nach Haus bringe; aber die Sache ist noch nicht einmal dazu reif, um die Commission in Thätigkeit zu setzen." Es ist der classische Aufsatz von Friedrich Nebenius, den Minister Berstett hier vertheilen [71]) und dem unser mitteldeutscher Staatsmann volle Gerechtigkeit widerfahren lässt. Bei der Rührigkeit Badens und Nassau's, dessen Vertreter Freiherr von Marschall die Polemik gegen Preussen auf die Spitze trieb und dessenungeachtet (wo nicht um dessentwillen?) der erklärte Liebling des mit Preussen von ganzem Herzen harmonirenden Fürsten Metternich war, darf nicht ausser Acht gelassen werden, dass diese Beiden „das monarchische Princip erweitern, die Unbequemlichkeit der Verfassungen im eignen Lande durch Bundesmacht verbessern und „heben"", deshalb dem Bunde eine grössere Gewalt beilegen wollten", mittelst deren dann „Handel und Wandel und manches Gemeinnützige um so gewisser befördert würde", das die Opposition im Lande zerstreuen möchte.[72]) Dem Mecklenburger, Freiherrn v. Plessen, wies man

---

[71]) G. Fischer, a. O., S. 348, Anm., bemerkt, dass in den Protokollen der Conferenzen die Denkschrift gar nicht erwähnt wird. Ganz richtig. Aber daraus folgt nur, dass es nicht möglich ist, aus den Protokollen sich über die Conferenzen hinreichend zu orientiren.

[72]) Ein Gesandtschaftsbericht späteren Datums, Wien d. 17. April 1820 (an eine norddeutsche Regierung), charakterisirt die oben erwähnte Richtung: „Während ein Theil derer, welche zu den Urhebern der Karlsbader Beschlüsse gehören, in den bundesverfassungsmässigen Weg wieder einzulenken suchte, bestrebte sich der andre bei Weitem kleinere Theil, diese Beschlüsse zu befestigen und wo möglich zu schärfen, zugleich aber auch für das Innere der Bundesstaaten Beschlüsse zu bewirken, welche der öffentlichen Meinung angenehm und die Popularität zu befördern geeignet wären. In dieser Hinsicht ist der Hauptgegenstand Handel und Verkehr. In der That schien aber diese Partei über die Verhältnisse und ihre eignen Wünsche nie recht im Klaren zu sein, da sie auf der einen Seite die Regierungen gegen den Geist der Zeit und besonders gegen einen bösen Geist der Landstände durch starke Massregeln aller Art bewaffnen und zugleich durch populäre Beschlüsse sichern, übrigens aber doch auch die Souveränetät gegen den Einfluss des Bundes streng bewahren wollte. Dass diesem System Consequenz fehlen musste, leuchtet von selbst in das Auge. Ihm folgte am lebhaftesten Baden — gemässigter Nassau." Dass Herr von Marschall „gemässigter" aufgetreten sei, als Herr von Berstett, wird man

eine ähnliche Parteistellung zu. Andererseits fehlt es nicht an der Tendenz, die
heikle Sache wo möglich aus den Conferenzen zu entfernen; am 4. Januar 1820
schreibt der mitteldeutsche Gesandte: „über Freiheit des Handels scheint man
Zeit gewinnen zu wollen; man spricht, diese Angelegenheit bedürfe langer und
reiflicher Erwägung, den Beirath der Handelsleute und dass es am zweckmässigsten
sein würde, wenn irgend an einem Ort, z. B. Nürnberg oder Leipzig eine
Commission die Sache bearbeitete; Gott verhüte das Loos der Rheinschlfifahrt-
Commission!" Doch belebt sich bis zum 8. Januar der Muth desselben Staatsmannes: „für Handel und Wandel geht ein entfernter Hoffnungsstrahl auf; mehrere
der hier Anwesenden haben sich das Wort gegeben, sehr stark darüber
sich vernehmen zu lassen und zu versuchen, ob Preussen wanke."
Und er fügt bedauernd hinzu: „Bisher hat Graf Bernstorff fast mehr, als gut
scheint, das Zollsystem in Schutz genommen."

Von demselben 8. Januar datirt eine Denkschrift „über die Vollziehung
des 19. Artikels der Bundesacte", in welcher sich der Nassauische Minister
von Marschall allerdings sehr stark vernehmen liess und einen dreisten Anlauf
nahm, Preussen zum Wanken zu bringen. Das Schosskind Metternichs glaubte
sich Alles erlauben zu dürfen. Vielleicht ging über dieser Schrift „der entfernte
Hoffnungsstrahl" auf. Marschall polemisirt heftig gegen das preussische Zollsystem, das er deutlich genug bezeichnet, ohne es bei Namen zu nennen:
„Während der 19. Artikel der Bundesacte unvollzogen bleibt, durchschneidet
man Deutschland mit neuen Douanen-Linien, trennt was die Natur vereinigt
hat gewaltsam, und greift in die Eigenthumsrechte von hunderttausenden deutscher
Familien ein." Er wiederholt das bittre Wort zweimal, „durch solche Verbote"
— das preussische System ist ihm ein prohibitives — werde „das Eigenthum
und der Besitz" „vermindert", das Eigenthum angegriffen. „So und nicht anders
sind die neuen Zolleinrichtungen in Deutschland empfunden worden und nur
eine Stimme hat sich in ganz Deutschland gegen diese Neuerungen erhoben
und vorzugsweise — ja, man muss es offen sagen — mehr als alles Andre eine
allgemeine Unzufriedenheit erregt und erhöht, und zwar gerade in einem Zeitpunkte, wo Congresse und deutsche Bundes-Acte allen Bewohnern der deutschen

---

schwerlich bestätigt finden. Graf Bernstorff bezeichnet in seinem Berichte vom 16 Januar
(s. oben weiterhin) den Badischen Minister „wie entfernt" „von solcher Gesinnung und
solchem Benehmen" d. h. des Nassauischen Bevollmächtigten.

Staaten die feierliche Versicherung gaben, ihr Zustand werde in dieser Beziehung nicht verschlimmert, sondern verbessert werden. Es gibt vielleicht kaum etwas, das mehr die Gemüther in einem grossen Theile Deutschlands beunruhigen könnte, als diese neue Zolleinrichtungen." Dieser Vorwurf trifft genau den Nerv der Politik jener Jahre! „Denjenigen, die zu Karlsbad sich mit den Massregeln beschäftigten, der Entwicklung der Keime einer sich äussernden gefährlichen Gährung in einem grossen Theile Deutschlands Schranken zu setzen, mussten daher auch die neuen Zolleinrichtungen in einzelnen deutschen Staaten als eine der Hauptquellen der Unzufriedenheit und als eines der Haupthülfsmittel erscheinen, dessen sich die revolutionäre Partei in Deutschland mit Erfolg wirklich bediente. Es wurde daher aus diesem Grunde und wegen der engen Verbindung dieser Angelegenheit mit dem Wohlstand der einzelnen deutschen Bundesstaaten beschlossen, sie den gegenwärtigen hier eröffneten Cabinets-Berathungen zu unterwerfen. —" Vier Sätze, welche die Denkschrift dann weitläufig und mit steten Ausfällen auf Preussen motivirt, dürften nach Marschall's Ansicht den Erwartungen der Bewohner der deutschen Bundesstaaten in dieser Beziehung als entsprechend und ihre billigen Erwartungen befriedigend anzusehen sein. Der praktische Werth dieser vier Sätze bedarf heute zu Tage keines Commentars; das Praktische daran ist der Todesstreich, welchen der zweite Satz dem preussischen Zollsystem zu versetzen sucht. Die Sätze lauten: „1) Neue Zoll- und Mauth-Anstalten, Ausfuhr- und Einfuhr-Verbote sollen von einzelnen Bundesstaaten an ihren Grenzen mit andern Bundesstaaten nicht errichtet werden; 2) die nach dem 1. Jänner 1814 neu errichteten Mauthen und eingeführte Zölle sollen aufgehoben werden; 3) jedem deutschen Bundesstaate, der an die See oder nicht in dem deutschen Bunde begriffnen Staaten grenzt, steht es frei, seine Seezölle und seine Grenzzölle gegen solche in dem Bund nicht begriffne Staaten nach eignem Ermessen und in Gemässheit bestehender oder künftiger Traktaten zu reguliren; 4) die Beschlüsse des Wiener Congresses über die Flusschiffahrt sollen ohne allen weiteren Aufschub und in der kürzesten Frist vollzogen werden." An Deutlichkeit liess Baron Marschall nichts zu wünschen übrig; auch nicht an Kühnheit: er stellte diese Denkschrift dem preussischen Minister Grafen Bernstorff zu, von welchem sie jedoch „zurückgegeben" wurde. Dies ereignete sich noch bevor der zehnte Ausschuss in Thätigkeit gesetzt worden.

Indessen war die Handelsfrage von zwei verschiednen Seiten ausserhalb
der Conferenzen lebhafter angeregt worden. Gegen die Mitte des Dezember
kam der Herzog von Anhalt-Köthen nach Wien; der Zweck seiner Reise war,
„Hülfe gegen die preussischen Zoll- und Steuerbedrückungen" zu suchen; die
Sache seiner Enclaven wollte er hier „mit aller Energie führen". „Herr v. Berg
ist sein Rathgeber und wahrhaftig ein muthiger Kämpfer"; der Herzog selbst
„ist ein einsichtvoller trefflich gesinnter lebhafter Herr;" ihm erwuchs „viel
Sorge", da es nicht schien, dass man sich der Sache hier ernstlich annehmen
wolle und könne. „Vielleicht ist die Verwendung des hiesigen Cabinets das
Einzige was hier erreicht wird", war die Ansicht in seiner Umgebung am
21. Dezember. Immerhin diente die Anwesenheit des Herzogs zur Belebung des
Interesses für die Handelssache und zwar im Sinne der Gegner Preussens. —
Ebenso wirkte die Ankunft der rührigen Vertreter des deutschen Handelsvereins
(am 6. Januar), wenn wir auch die Beweise in Händen haben, dass Friedrich
List, der an der Spitze der Deputation stand, in seinem Feuereifer sich über
den Erfolg ihrer Thätigkeit ganz ungemein täuschte und einzelne freundliche
Worte von Mitgliedern der Conferenzen, die er besuchte, missverstand oder
allzu arglos für baare Münze nahm. „Wir sind auf dem Wege, die österreichische
Regierung auf andre Ansichten zu bringen und uns geneigt zu machen; unsre
Sache macht gewaltiges Aufsehen sowohl am Congress als in der Hauptstadt;
der Congress hat zu unsern Gunsten schon einige Beschlüsse
gefasst..." so schrieb List an seine Frau.[13]) Man kann es nicht ohne
schmerzliches Mitleid lesen; solche Menschen sind wir Deutsche; solange wir
nicht anders sind, wird uns zwar der Himmel stets offen, aber auf Erden Alles
verschlossen sein. Einer der freisinnigsten Männer unter den Conferenzmitgliedern
erwähnte in seinem Bericht vom 10. Januar: „Die Ankunft der Abgeordneten
des Handelsvereins, des Professor List, des Kaufmann Schnell von Nürnberg
u. s. w. gab dem Fürsten Metternich die Veranlassung zu der Anfrage, welcher
Bescheid ihnen zu ertheilen sei. Man bemerkte, dass ein Verein von Handelsleuten verschiedner Bundesstaaten keineswegs als Corporation, als verfassungs-
und gesetzmässige Genossenschaft zu betrachten sei. Der Handelsstand

---

[13]) Fr. List, gesammelte Schriften, herausgegeben von L. Häusser, Stuttgart u. Tübingen,
J. G. Cotta, 1850, erster Theil, S. 46. G. Fischer, a. O., S. 338, Anm.

jedes einzelnen Landes habe sich an seinen Landesherrn zu wenden und dessen Vertretung zu erbitten — ein Verein teutscher Handelsleute sei ebensowenig anzuerkennen, als jeder andre Verein, der nicht die Sanction des Landesherrn erhalten und von diesem vertreten werde. In Folge dieser Bemerkungen wurde beschlossen, den angeblichen Bevollmächtigten anzudeuten, dass man sie nicht anerkenne, ihre Anträge nicht aufnehmen könne. Fürst Metternich übernahm es, ihnen diese Eröffnung zu machen." Der Bericht eines andern Bevollmächtigten (für einen mächtigen deutschen Staat) von demselben Tage [74]) spricht wegwerfend von den „sich so nennenden Deputirten eines deutschen Handelsvereins" und bestätigt deren Unzulässigkeit, „da ihr Verein als ein allgemeiner Verein von Handelsleuten aus allen oder mehreren Bundesstaaten keine legale Existenz habe". Ein dritter Bevollmächtigter, in einem Briefe vom 8. Januar, verspottet die Deputation des Handelsvereins: „Man sagt, sie habe den sonderbaren Plan mitgebracht, dreissig Millionen Thaler jährlich anzubieten, wenn man dem Verein die Zollerhebung an den deutschen Grenzen übertragen und dagegen im Innern einen ganz freien Verkehr gestatten wolle!" [75]) Ein vierter Bericht

---

[74]) Und an demselben 10. Januar schreibt List aus Wien: „Noch haben wir keine Audienzen gehabt, aber durch Privaterkundigungen sind wir so ziemlich über die vorwaltenden Verhältnisse in Kenntniss gesetzt. Sämmtliche Regierungen, mit Ausnahme von Oesterreich, Preussen und Hannover, werden sich unumwunden für unsre Sache erklären, und auch von diesen ist noch das Beste zu hoffen; nur scheinen hier die Bedenklichkeiten etwas grösser zu sein .... Da die Absichten (Oesterreichs) vollkommen gut sind, so haben wir allen Grund zu hoffen, dass wir diese Macht für unsern Plan gewinnen werden..... Unsre Sache wird erst in ungefähr drei Wochen (auf der Conferenz) vorkommen. Bis dahin werden wir es verschieben, öffentlich aufzutreten." Gesammelte Schriften von Fr. List, a. O., S. 44. Vgl. w. u. Anm. 77.

[75]) Die Denkschrift vom 15. Februar 1820, unterzeichnet von Fr. List, Joh. Jac. Schnell aus Nürnberg, Ernst Weber aus Gera, Carl Streiber aus Eisenach, beantragt bei den Wiener Conferenzen u. A. „eine Verpachtung der Zölle auf Aktien". Gesammelte Schriften von Fr. List, zweiter Theil, S. 43. — In einer andern Denkschrift machte List darauf aufmerksam, dass es eigentlich nur darauf ankomme, die Grundsätze des österreichischen Schutzsystems auf ganz Deutschland auszudehnen und im Innern die Schranken wegzuräumen. Gesammelte Schriften von Fr. List, erster Theil, S. 49. — In der Eingabe des Handelsvereins an den Bundestag vom 14. April 1819 hatte List über die preussische Zollreform geurtheilt, „dass durch die Aufrechthaltung dieses Zollgesetzes der deutsche Handel total ruinirt würde und dass es also dem Geiste des deutschen Bundes schroff entgegenstehe." Gesammelte Schriften, zweiter Theil, S. 20. — Spott verdient ein Patriot wie Friedrich List unter keinen Umständen. Aber die Unklarheit war gross.

über den Hergang in der Conferenz vom 10. Januar erzählt am 11.: „Endlich regte der Fürst noch an, dass hier Deputirte des sogenannten deutschen Handelsvereins angekommen wären, welche sich unfehlbar bei ihm melden würden. Er sei nicht zweifelhaft, was er ihnen als Kaiserlich Oesterreichischer Minister zu antworten habe; indessen wünsche er zu vernehmen, ob auch die Versammlung mit seinen Ansichten einverstanden sei. Es scheine ihm, dass man ebensowenig einen Verein deutscher Kaufleute, als einen Verein deutscher Professoren, Studenten, Tischler oder dergl. anerkennen könne. Ein deutscher Verein, der nirgends eigentlich zu Hause gehöre, sei überdies nicht denkbar, allenfalls ein Bayerischer, ein Badischer u. s. w., wenn die Regierung dazu autorisire. Aus diesen und andern Gründen halte der Fürst dafür, dass den Deputirten zu erklären sei, man könne mit ihnen in keine Verhandlung treten. Dadurch bleibe man auch in dem richtigen, vom Bundestage betretnen Wege. Niemand — selbst nicht der Grossherzoglich und Herzoglich Sächsische Gesandte — widersprach dieser Ansicht; vielmehr äusserten sich einige noch härter über das Treiben des Vereins und seiner Deputirten und über die angemasste Benennung, worauf der Fürst erklärte, dass er sich gegen jene Deputirten in dem vorgeschlagnen Sinn äussern werde." Wer daraus übrigens schliessen wollte, dass Fürst Metternich den Professor List und seine Genossen schroff abgewiesen habe, der würde vergessen, dass ein Oesterreichischer Beamter keine Gelegenheit vorübergehen lässt, um gegen deutsche Brüder so bezaubernd liebenswürdig zu sein, wie ein junger Mann der ein junges Mädchen für sich einnehmen will. Einigen Grund musste List wohl gehabt haben, sich einzubilden, dass er „auf dem Wege" sei, „die Oesterreichische Regierung auf andre Ansichten zu bringen". Und derselbe Metternich, der am 10. Januar nicht zweifelhaft war, was er den Abgeordneten als Kaiserlich Oesterreichischer Minister zu antworten habe, verschaffte dem Professor List zum 6. März eine Audienz beim Kaiser Franz. Natürlich war und blieb Niemand den List'schen Ideen und Entwürfen fremder, als Metternich. Aber der Kaiser sprach zu List als ein wahrer Vater des deutschen Vaterlandes, wollte die überreichten Akten prüfen, die Sachverständigen hören und, als im Verlauf der weiteren „Unterhaltung", wie List sich ausdrückt, dieser den Plan einer Industrie-Ausstellung vorbrachte, da schien der Kaiser ebenfalls ihn „mit Aufmerksamkeit anzuhören." —

Am 26. Januar berichtet ein mitteldeutscher Staatsmann: „Der Handelsverein ist hier angekommen, aber nicht zum Wort in der Art gelassen, wie er sich geschmeichelt. Streiber [16]) geht umher, um seine Weisheit auszukramen, um im Hintergrunde das schwarze Gemälde der zur Verzweiflung gebrachten Fabrikanten aufzustellen. Aber es bedarf nicht der Stimme einzelner oder mehrerer Kaufleute, um die Regierungen aufmerksam zu machen, wie nothwendig die Erfüllung des 19. Artikel der Bundesacte sei, und diejenigen Staatsmänner, welche nicht darauf achten wollen oder nicht können, werden die beredtesten Vorstellungen nicht überzeugen". Er meint Bernstorff und die Preussen. — Wenn man mit einem gewissen Widerwillen sich davon abwendet, wie jene Deputation, die sich darüber in glücklicher Unklarheit [17]) befand, in Wien behandelt wurde, so liest man wohl mit Genugthuung die Worte Karl August's von Sachsen-Weimar vom 21. Januar: „Wenn auch die Abweisung des Handelsvereins als solchen juristisch richtig ist, so verdient doch das Anliegen deutscher Nation, welches dem Verein zu Grunde liegt, ganz vorzügliche Aufmerksamkeit und es dürften die Vorschläge, die erfahrne Kaufleute an (die) Hand zu geben im Stande sind, nicht ungehört zurückzuweisen sein." — Ein Zufall war es schwerlich, dass zwei Tage nach der Ankunft der Abgeordneten des Handelsvereins Anstalt getroffen wurde, die Commission für Handel und Verkehr zu constituiren.

Einen weiteren Anstoss, die Arbeit des zehnten Ausschusses endlich in Bewegung zu setzen, gab der Gesandte der freien Städte durch einen in den

---

[16]) Einer der Abgeordneten des Handelsvereins, Carl Streiber aus Eisenach.
[17]) Diese frohen Illusionen scheinen unzerstörbar. Am 9. Februar schreibt der obenerwähnte Spötter: „Zwei Deputirte des sogenannten Handelsvereins haben mir in einer langen Unterredung zu zeigen gesucht, dass Alles, was man hier vorhabe, auf halbe Maassregeln hinauslaufe, und dass der Nothstand Deutschlands gar nicht anders als durch Grenz-Douanen und durch ein auf Retorsion beruhendes Prohibitivsystem gekehrt werden könne. Es ist aber nun ausser Zweifel, dass sie alle Stimmen gegen sich haben und dass auch nicht eine ihr chimärisches Project der pachtweisen Uebernahme solcher Douane unterstützen wird". F. List, der übrigens nicht einer der beiden Besucher war, hatte in seiner Denkschrift die freien Städte und Leipzig als die eigennützigsten Opponenten der zum Gemeinwohl Deutschlands gereichenden Maassregeln dargestellt. „Graf Bernstorff versicherte, den Herrn Professor List darüber ernstlich zurecht gewiesen zu haben". Und der Vertreter der freien Städte setzt hinzu (am 4. März): „Eben dies wird mir obliegen, wenn der Herr Professor, den ich bisher nicht gesprochen habe, wirklich zu mir kommen sollte". Ueberall erregten die Leute Anstoss.

ersten Tagen des Januar fertig gewordnen, vollständigen Auszug aller Verhandlungen am Bundestage über den Handel und Verkehr, durch welchen er jene Arbeit zu erleichtern hoffte, weil man nun doch etwas habe, wovon man ausgehen könne. Die Constituirung eines Ausschusses aber konnte, gemäss einer am 9. Dezember getroffnen Abrede, nur nach einer „Aufforderung von Seiten der allgemeinen Versammlung" erfolgen. Der Bayerische Gesandte Freiherr von Zentner hatte damals den Wunsch geäussert, es möchten alle Commissionen jetzt gleich ihre Arbeiten anfangen; ihm hatte sich Metternich widersetzt: „damit die Arbeit regelmässig und in einer natürlichen Ordnung geschehe, müsse das Plenum nach und nach die einzelnen Commissionen in Wirksamkeit setzen". Ehe dieselben sich förmlich constituirten, sei zu wünschen, dass man „auf Veranlassung des bei jeder Commission in dem Verzeichniss zuerst benannten Mitgliedes baldigst zusammentrete, um sich über das Sammeln von Materialien und andre etwanige Vorarbeit zu besprechen". In der Plenarsitzung vom 8. Januar, auf Antrag des niederländischen Gesandten, Herrn von Falck, wurde nun beschlossen, dass der zehnte Ausschuss wegen der Handelsverhältnisse sich als constituirt betrachten möge.[78])

Mittwoch den 12. Januar[79]) fand bei dem preussischen Minister Grafen Bernstorff die erste Sitzung statt. Der Graf eröffnete sie damit, dass er den Missgriff des vorigen Wiener Congresses beklagte, aus einer gewissen Liberalität mehrere das Bundesverhältniss selbst nicht berührende Gegenstände zur künftigen Berathung verstellt zu haben. Insbesondre gehöre dahin der Handel und Verkehr, welcher auf der Autonomie der einzelnen Staaten beruhe und mit deren eigenthümlichen Steuersystemen genau zusammenhänge. Preussen könne von seinem

---

[78]) „Auf diese Weise", heisst es in einem Bericht vom 8. Januar, „sind grosse Schritte geschehen zur Beförderung unserer Bestimmung; wir wollen sehen, wie schnell die jetzt constituirten Ausschüsse ihre Arbeiten zu leisten vermögen." Gleichzeitig mit dem zehnten war nämlich auch der sechste — wegen der politisch-militärischen Verhältnisse — constituirt worden, welcher am Donnerstag den 13. Januar die erste Sitzung hielt.

[79]) Ich habe zwar den Bericht eines Gesandten vom 17. Januar vor mir, worin es heisst: „Der Ausschuss für Handel und Wandel hat gestern seine erste Sitzung gehalten, in welcher es noch zu keinem Resultat gekommen ist u. s. w." Aber die Angabe beruht auf einem Irrthum; der Berichterstatter war nicht Mitglied der Commission. Dagegen meldet ein Ausschussmitglied am 12.: „Der Gegenstand der Commission, die ich so eben verlasse...." Der andre Gesandte meint übrigens die erste Sitzung und nicht eine zweite; denn er erwähnt eines Aufsatzes der freien Städte, welchen ihr Vertreter am 12. Januar vorlas.

Systeme zum Besten der übrigen deutschen Staaten in keinem Punkte abgehen. Nur so, wie es neulich in der Staatszeitung ausgesprochen sei, lasse sich helfen, nämlich durch Verträge mit einzelnen Staaten. — Es gemahnt uns heute ganz eigenthümlich, wenn wir diese Worte hören: die ganze Geschichte des deutschen Zollvereins geht an uns vorüber. Aber denen, welche nicht erlebt hatten, dass ihr Ideal „vollkommenster Handelsfreiheit" des Vaterlandes mittelst einer am Boden raupenartig sich vorwärts schiebenden Bewegung verwirklicht worden, ihnen klangen die Worte Bernstorff's ganz anders wie dem heutigen Geschlecht. Wie trostlos klingt uns gegenwärtig, wenn man unser Ideal einer deutschen Einheit auf „Verträge mit einzelnen Staaten" anweist!⁶⁰)

Bei den übrigen Mitgliedern der Commission war die Meinung vorherrschend, dass man die nun zum dritten oder vierten Male aufgestellte Frage nicht unerörtert und ohne Folgen lassen könne. Freiherr v. Berstett vertheilte die lithographirte Denkschrift — keiner der Gesandtschaftsberichte nennt den Namen des Verfassers — von Fr. Nebenius, „welche auf die Nothwendigkeit und Ausführbarkeit eines Douanensystems an Deutschlands Grenzen mit dem Prinzip der Retorsion und auf gänzliche Handels- und Zollfreiheit im Innern gerichtet ist." So nahe berührten sich damals die beiden Ausgangspunkte der späteren Zollvereinigungsbewegung, der Gedanke in seiner vollen Klarheit, wie der grosse Badische Staatsmann ihn ausspricht, und der erste praktische Wink: aber beide bleiben unverstanden und einander fremd — sie gehören zu feindlichen Lagern und bilden einen Gegensatz!

---

⁶⁰) Deutsches Staatswörterbuch von J. C. Bluntschli u. K. Brater (Artikel: Deutscher Bund), Band III, S. 96: „Der Weg der Einung zwischen deutschen Staaten ist der einzig mögliche, rechtliche, loyale." Ebendas. S. 87: „Für eine Bundesreform, welcher Art und Ausdehnung sie sein möge, gibt es keine Ermöglichung, ausser der Einen mittelst der Autonomie der deutschen Staaten. Weder wird Deutschland ein Bundesstaat, noch wird sein Staatenbund eine Realität anders als im Wege der Einung. Bundesbeschlüsse werden höchstens sanctioniren; und selbst eine radikale Umwälzung würde für die Dauer nicht schaffen, nicht einmal zerstören, wenn den solchergestalt vollendeten Thatsachen nicht die Einigung das Siegel aufdrückte. ... Ausgeschlossen ist damit keineswegs, dass als Faktor autonomer Neugestaltung Deutschlands das deutsche Volk sich jenen Faktoren beigesellt, sei es durch seine Bruchtheile in den Ständekammern der Einzelstaaten (und da wäre es sogar kein andrer neuer Faktor), sei es in einer Vertretung seiner Gesammtheit." Diese Worte datiren aus dem October 1857; ich unterschreibe sie noch heute.

Indessen kam man in der Ausschusssitzung bald überein d. h. in der Negative — Berstett selbst leugnete nicht mehr, dass solche Dinge, wie Nebenius postulirte, nicht zu erreichen seien. Dagegen verlas derselbe Berstett nun eine andre weitläufige Entwicklung,[51]) woraus hervorging, dass der zehnte Gegenstand der Conferenzen der einzige sei, von dem die Völker für sich Heil erwarteten; geschehe in diesem Punkte nichts, das wenigstens einigermassen befriedige, so gebe man den Schreiern und Demagogen neue Waffen. Der Schluss trug darauf an, zu beschliessen, dass man übereingekommen sei, den Handel und Verkehr in Deutschland zu erleichtern, dass aber die Frage nach dem Wie am Bundestage sogleich durch eine eigne Commission zu erörtern sei, welche ihre Arbeiten bis zur Erreichung ihrer Bestimmung fortzusetzen habe.

Das klingt ziemlich nichtssagend. Und doch müssen wir bei diesem Votum Berstett's ein wenig verweilen. Denn, so stumpf es scheinen mag, es ist nicht ohne Schneide. In der Weise, wie eben sein Inhalt mitgetheilt worden, berichtete ein Gesandter unmittelbar nach der Sitzung. Aber wir lesen es selbst und verkennen nicht, wohin es zielt. Die hauptsächlichen Sätze sind bezeichnend genug: „Die hier zu erledigenden Arbeiten bilden ein Ganzes und zwar in doppelter Beziehung: 1) in formaler, insofern durch sie die Bundesacte erläutert und ergänzt werden soll und 2) in realer, indem allen diesen Arbeiten Forderungen zu Grunde liegen, deren Befriedigung oder Erledigung als nothwendig anerkannt worden ist." „Deutschland befindet sich noch gegenwärtig im Zustand der Gährung — die Karlsbader und die hiesigen Verhandlungen beweisen es unwiderlegbar. Alle Bundesmitglieder fühlten und fühlen es noch, dass es Zeit sei, sich gemeinsam über die gemeinschaftliche Sache zu berathen, den Zustand Deutschlands von höherem Standpunkt als dem der Einzelregierungen, von dem des Bundes zu prüfen und alsdann die Mittel zu wählen, welche als die passendsten erscheinen, um den Uebeln abzuhelfen, an denen Deutschland leidet." „Schon hieraus folgt, dass bei der nunmehr zu begründenden Ordnung der Dinge, durch welche der gesammte Bund eine festere Haltung gewinnen wird, gar Mancher, nicht nur seine verbrecherischen Hoffnungen und Absichten

---

[51]) Votum des Grossherzoglich Badischen Staats-Ministers Freiherrn von Berstett, abgegeben in der ersten Sitzung des Ausschusses über den Handel und Verkehr, Wien den 12. Januar 1820.

wird schwinden lassen, sondern dass er auch von Lieblings-Ideen mancherlei Art, deren Verwirklichung er sich bei der zeitherigen Unbestimmtheit der Bundesverhältnisse als möglich dachte, wird abstehen müssen. Fromme Wünsche jeder Art, die nicht mit der gegenwärtigen Lage Deutschlands übereinstimmen, werden und müssen zu Grabe getragen werden; sollte das nämliche aber auch von gerechten und, wenn anders die Regierungen wollen, gewiss ausführbaren Anforderungen gelten? — Was sich als allgemein und dringend gefühltes Bedürfniss der neueren Zeit angekündigt hat, das hat Anspruch auf genaue Prüfung der Cabinette. Es ist eine Appellation an ihre Weisheit, die nicht unerhört bleiben darf, wenn anders der Glaube an die Gerechtigkeits- und Billigkeitsliebe der Regierungen unangetastet bleiben soll" — „dass nun aber die Erleichterung des Handels zu den allgemeinen Bedürfnissen des deutschen Volks gehöre, das beweist der laute Ruf sovieler Tausende von den Ufern des Rheins bis an die Ostsee und als Documente der Gerechtigkeit dieser Forderung dienen der Ruin sovieler Familien, der unerhörte Druck, der von einem befreundeten Staat gegen den andern ausgeübt wird. — Doch Beweis ist da nicht nöthig, wo man die Gerechtigkeit des Verlangens allgemein anerkennt und nur die Gewährung desselben wegen scheinbar unüberwindlicher Hindernisse für unmöglich hält." „Wie sollte aber eine Forderung der Art in dem Augenblick unberücksichtigt bleiben können, wo man den gesammten allgemeinen Bedürfnissen Deutschlands abzuhelfen bemüht ist? Sollten alle Fragen, bei welchen der Bund, Bundesmitglieder oder sogar Einzelne als Hauptinteressenten erscheinen, erledigt werden, die einzige aber, bei der das Interesse des Volks zunächst betheiligt ist, unbeachtet bleiben?" „Zum Schluss darf ich wohl in meinem eignen Namen hinzufügen, dass ich, indem ich bei jeder Gelegenheit darauf dringe, dass allgemein anerkannten Missbräuchen und gefährlichen Tendenzen jeder Art durch kräftige Gegenmassregeln abgeholfen werde, eben dadurch auch die Verpflichtung übernommen habe, mich nicht minder laut für die Gewährung gerechter Ansprüche auszusprechen, und dass ich die letztere mit gleicher Gewissenhaftigkeit zu erfüllen suchen werde, als ich über die ersteren meine Gesinnungen ungescheut an den Tag lege."

Erinnert man sich an den Inhalt der Denkschrift Marschall's vom 8. Januar, so wird eine gewisse Verwandtschaft des Badischen Votum mit derselben nicht verborgen bleiben. Sie entging dem Grafen Bernstorff keineswegs. Er schrieb

darüber an den König Friedrich Wilhelm III. (am 16. Januar): „Die Ausschussberathungen über die Möglichkeit, nach Anleitung von Artikel 19 der Bundesacte
über irgend etwas zur Erleichterung des Handels und Verkehrs im Innern
Deutschlands übereinzukommen, . . . hat unvermeidlich in Erörterungen verwickelt,
welche um so unangenehmer wirken mussten, als dabei alle die gehässigen Vorurtheile, mit denen das preussische Zollsystem in einem grossen Theile Deutschlands angesehen und beurtheilt wird, mehr oder minder verholen, von einigen
Seiten ohne Scheu an den Tag gelegt wurden. Namentlich der herzoglich
Nassauische Minister Freiherr von Marschall, welcher sich während des ganzen
Laufs unsrer hiesigen Verhandlungen durchaus einseitig, inconsequent und leidenschaftlich gezeigt hat, . . . hat auch bei dieser neuen Veranlassung sich nicht
entblödet, mir einen von ihm verfassten Aufsatz zuzustellen, welcher, von der
feindseligsten Gesinnung gegen Preussen eingegeben, auf nichts Geringeres,
als auf eine gemeinsame Bestimmung antrug, vermöge deren alle seit dem
Jahr 1814 in Deutschland neu eingeführten Zölle würden wieder aufgehoben
werden müssen . . . . Wie entfernt der Badische Minister von Berstett auch
von solcher Gesinnung und von solchem Benehmen ist, so sind seine Anträge
doch nicht minder unvereinbar mit den im nördlichen wie im östlichen Deutschland bestehenden Verhältnissen und insbesondre mit dem von Eurer Königlichen
Majestät erlassenen Zollgesetze. Dass diese Gesetze durch die hier zu fassenden
Beschlüsse unangetastet bleiben müssen, versteht sich von selbst, und ich sehe
meine Aufgabe daher nur in der Bemühung, die Gemüther in Betreff derselben
nach Möglichkeit zu besänftigen und die Ueberzeugung zu geben, dass Preussen
sich zu keiner Zeit wird ungeneigt finden lassen, die Hände zu solchen billigen,
auf gegenseitiger oder allgemeiner Convenienz gegründeter Ausgleichungen zu
bieten, welche sich würden mit dem Bedürfniss seiner eignen Lage und den
unbedingten Befugnissen der einzelnen Bundesstaaten vereinigen lassen."

Gegen die von Berstett vorgeschlagene Commission am Bundestage
hatte Graf Bernstorff nichts zu erinnern, zu dem Uebrigen wollte er nicht
stimmen. Dagegen ward es allgemein anerkannt, dass ein abermaliges Verweisen
des Gegenstandes ohne nähere Beschlüsse und Bestimmungen den übeln Eindruck
nur vermehren würde. Zwar ward hierauf eines und das andre vorläufig hin-
geworfen, was etwa beschlossen werden könnte, z. B. gänzliche Aufhebung
des nur noch in Oesterreich bestehenden Prohibitivsystems gegen andre Bundes-

staaten, Herstellung früherer Reichsgesetze, Erleichterung des Transit, Verabredung, dass die Bundesstaaten sich untereinander als die begünstigtsten Nationen zu behandeln hätten u. s. w., aber nichts blieb ohne Widerspruch. — So kam man denn zuletzt überein, dass man zwar die Verhandlung des umfassenden Gegenstandes werde an den Bundestag verweisen müssen, dass man jedoch darüber nachdenken wolle, wodurch der Beschluss eine „günstigere Gestalt" gewönne. Das Zuziehen sachkundiger Personen zu den Bundestagsberathungen ward insbesondre von Graf Bernstorff abgelehnt.[12]) Den Gesandten der freien Städte, Senator Hach, der sich absichtlich wenig in die Discussion gemischt hatte, forderte Graf Bernstorff ausdrücklich auf, die Ansicht der Hansestädte über die oft besprochnen Punkte, namentlich über die Zölle an Deutschlands Grenzen zu erklären. Senator Hach erwiederte, die freien Städte wären gegen jedes Prohibitivsystem und würden nichts lieber sehen, als wenn dem Handel alle mögliche Befreiung und Erleichterung gestattet würde. Er hielte es sogar für überflüssig, sich in Betreff der gemeinschaftlichen Zölle an Deutschlands Grenzen zu äussern, da die Unausführbarkeit vor Augen läge. Indessen wäre er gern bereit, die Ansichten eines Sachverständigen vorzutragen. Hierauf verlas derselbe einen Auszug der ersten, von Seiten des Senats von Hamburg ihm zugegangenen näheren Instruction über den Berathungsgegenstand, welcher mit grossem Interesse angehört wurde. Insbesondre erklärte Graf Bernstorff, dies sei praktischer, als irgend etwas, das ihm über den Gegenstand vorgekommen. Er sowohl als die übrigen Commissionsmitglieder erbaten sich Abschriften.[13])

---

[12]) Vgl. Indessen w. a. Anm. 86.
[13]) Eine dieser Abschriften befindet sich in meinen Händen. Der Aufsatz ist überschrieben: „Bemerkungen und Ansichten eines Sachkundigen über Handel und Verkehr." Weder wusste man mir zu sagen, von wo dieser Aufsatz herrühre (dasselbe war der Fall mit Marschall's Denkschrift: die Copie im Grossherzoglichen Archiv zu Weimar trug nur Ort und Datum, Wien den 8. Jänner 1820, keinen Namen, — die im Lübecker Archiv nicht einmal Ort und Datum), noch war der Aufsatz, den Hach am 12. in der Ausschusssitzung verlesen, mit Sicherheit nachzuweisen. Um so mehr bin ich dem Hohen Senate der freien und Hansestadt Lübeck und insbesondre Herrn Senator Curtius zu ehrerbietigem Danke verpflichtet dafür, dass mir die Vergünstigung zu Theil wurde, zwei Denkschriften in Augenschein zu nehmen, von denen ich die eine als die Arbeit des Freiherrn von Marschall wiedererkannte, während die zweite (ohne Unterschrift, ohne Ort und Datum) obige Ueberschrift trägt. An letzterer musste ich nun erkennen, dass dies der gewünschte Aufsatz war. Denn nach dem Gesandtschaftsbericht, dem ich an dieser Stelle

„So höchst wünschenswerth" sagt der Sachkundige, dessen Bemerkungen und Ansichten hier im Ausschuss Beifall fanden, „Beförderung der Industrie und der Erwerbmittel in Deutschland ist, so muss man doch dabei nicht allein nur auf eine Art der Erwerbzweige Rücksicht nehmen, sondern von allgemeinen Gesichtspunkten ausgehen. Die Classe derjenigen, welche sich von Fabrik- und Manufakturwesen in Deutschland nähren, ist nicht die einzige leidende; die Zahl derselben ist gegen die der übrigen Consumenten und Verbraucher nur geringe; es bleibt immer, zumal bei dem noch herrschenden Geldmangel eine Hauptrücksicht, dass der Verbraucher sich seine Bedürfnisse in Hinsicht auf Qualität und Preise möglichst billig verschaffen könne; wirkte man dem entgegen, so würde die Verarmung, der man in Hinsicht auf die Minderzahl der von Fabrik- und Manufakturwesen Lebenden vorbeugen wollte, bei der Mehrzahl aller übrigen befördert werden. Warum eine der erwerbenden Classen auf Kosten aller übrigen begünstigen? Wo Fabriken gewisser Art dauernd nicht gegen auswärtige gleiche — auf welchen mehrere Transport- und Handelskosten lasten — bestehen können, da sind sie auch nicht wohl angebracht. Die für lokale und sonstige Verhältnisse passenden erheben sich über nachtheilige Concurrens Auswärtiger; sie gelangen vielmehr dadurch zu mehrerer Vervollkommnung, wie sich dies schon bei manchem deutschen Fabrikwesen bewährt hat und ferner bewähren wird; ohne fremde Concurrenz dürfte das deutsche Fabrik- und Manufakturwesen schwerlich zu einiger Vollkommenheit gelangt sein. Man misst in Hinsicht auf Abnahme des Fabrik- und Manufaktur-Erwerbs in Deutschland manches mit Unrecht der Zulassung fremder Fabrikate bei, die jederzeit offen gewesen ist, wenngleich sie in den letzteren Zeiten von Auswärtigen mehr benutzt worden. Die hauptsächlichsten Ursachen des leidenden Zustandes des Fabrik- und Manufakturwesens in Deutschland liegen in, seit dem soge-

---

gefolgt bin, hat Herr Senator Hack sich in der Sitzung bereit erklärt, „die Ansichten eines Sachverständigen" vorzutragen. Ferner aber erkannte ich an den feinen Schriftzügen die Hand des Frankfurter Canzlisten Herrn Jost, der unzweifelhaft die Abschriften für seinen Chef verfertigt hat; und diese letztere Bekanntschaft habe ich der freien und Hansestadt Bremen, insbesondere einer geneigten Mittheilung des Herrn Archivsecretär Heinecken daselbst von ganzem Herzen zu danken. Der Ursprung des Aufsatzes führt, wie aus dem Sitzungsbericht hervorgeht, auf Hamburg zurück. — Ich habe geglaubt, hier weitläufiger sein zu dürfen, da es sich um ein hanseatisches Actenstück handelt. Einen Dank an dieser Stelle auszusprechen war mir aber um so mehr Bedürfniss, da ich nicht allen meinen Wohlthätern öffentlich danken darf.

nannten Continentalsystem veränderten Gange des Handels, darin dass, während der Zeit und seitdem, auswärtige, besonders englische und irländische Fabriken die wichtigsten Absatzquellen deutscher Fabriken im Auslande an sich gezogen haben, und in neuentstandnen Fabriken in Ländern, die bis dahin aus Deutschland versorgt wurden, kurz in verminderter Ausfuhr; und für den inländischen Absatz in Beschränkung des Verbrauchs und Wahl des Wohlfeilsten als Folge des allenthalben herrschenden Geldmangels: darin dass von den deutschen Fabrikanten wenig die Rafinements der Auswärtigen, um wohlfeil liefern zu können, angenommen, noch weniger ausgebildet werden. Deutschland hat namentlich vor England den Vortheil des wohlfeileren Lebensunterhalts voraus. Dass man bei dem englischen Fabrikwesen als Grundsatz angenommen haben sollte, mit Schaden zu arbeiten, um die Fabriken im Auslande zu unterdrücken, ist eine undenkbare Sache. — Wollte man alle fremde Fabrikate aus Ländern, wo die deutschen Fabrikate keinen Zugang finden, abhalten oder deren Eingang hoch belasten, so träfe die Massregel, zum allgemeinen Nachtheil, auch die unentbehrlichen, welche in Deutschland nicht in eben der Art und Güte fabricirt werden können; wollte man sich auf diejenigen beschränken, von denen man glauben würde, dass sie die einheimischen Fabriken unterdrücken, so hätte die Sache keine Grenze; jeder Fabrikzweig in Deutschland würde auf gleiche Begünstigung Anspruch machen. — Kann man übrigens glauben, dass Verbote oder Erschwerungen in dem aus so vielen verschiednen Territorien bestehenden, von allen Seiten zugänglichen Deutschland nicht eludirt und wirkungslos gemacht werden würden? — Wenn auswärtige Staaten fremde und deutsche Fabrikate nicht zulassen, so steht es zwar dahin, ob sie darunter ihrem wahren Interesse gemäss handeln, allein sie können wenigstens ihrem Vorsatz Effect geben, da sie unter einem Landesherrn stehen und allenthalben gleichförmig verfahren können, auch grösstentheils durch Naturgrenzen von andern Staaten getrennt sind und nicht, wie Deutschland, von allen Seiten zugänglich, im Mittelpunkt von Europa liegen. Deutschland würde sich durch solche Verbote oder Erschwerungen das odium auswärtiger Staaten und die Folgen desselben zuziehen, ohne den vorgesetzten Zweck erreichen zu können. Wenn man es dahin bringen könnte, die Einfuhr ausländischer Fabrikate in Deutschland (welches übrigens auf Vertrieb derselben ausser Deutschland nicht unbedeutend gewinnt) zu vermindern, so würde dadurch als natürliche Folge in gleichem Masse der Absatz deutscher Produkte zur Ausfuhr vermindert werden. Bei dem Grundsatz der Handelsfreiheit und dass der Absatz der Fabrikate allein von deren Güte und Wohlfeilheit abhängig bliebe, wird sich Deutschland, mehr wie jeder andre Staat, immer am besten befinden. Jeder Eingriff in die natürliche Handelsfreiheit führt Nachtheile mit sich, deren Ausdehnung sich nicht zum Voraus übersehen lässt. Die Ausfuhr roher deutscher Produkte zu verhindern kann ebenfalls nicht gerathen erscheinen, da auf solchem Fall die Preise derselben in Deutschland immer geringe sein, und also wenig, nicht einmal soviel als Deutschland zur eignen Verarbeitung bedarf, davon producirt werden würde, statt dass jetzt solche Produkte über den eignen Bedarf Deutschlands hinaus gewonnen werden und bedeutende deutsche Handelsartikel ausmachen. — Die Frage, ob es ausführbar und gerathen sein könne, gegen Aufhebung aller Zölle im Innern von Deutschland, zu desfallsigem Ersatz für gemeinschaftliche Rechnung aller Bundesstaaten, Zölle an den Grenzen und an den Mündungen der Ströme Deutschlands anzulegen? dürfte selbst bei nur oberflächlicher Erörterung der Sache unmöglich bejaht werden können. Solche Zölle würden wesentlich nur Einfuhr-Zölle sein können, da man die Ausfuhr deutscher Produkte und Fabrikate, auch die Wiederausfuhr ausländischer Güter nicht würde erschweren dürfen noch wollen. Wenn man an den Grenzen auf die Einfuhr einen Zoll legen wollte, der denen jetzt in allen verschiednen Staaten Deutschlands darauf ruhenden zum desfallsigen Ersatze gleichkäme, so würden überall in Deutschland vom Ausland eingeführte Waaren so theuer werden, wie sie es jetzt an dem letzten deutschen Bestimmungsort sein mögen; wollte man gar noch durch solche Zölle Ersatz für die sodann hinwegfallenden gegenwärtigen Zölle von deutschen Produkten und Waaren innerhalb Deutschlands erreichen, so würden solche Zölle zu einer Höhe steigen, welche fast den Erfolg von Einfuhrverboten haben würden. Inzwischen ist eine Menge fremder Stoffe sowie für die Consumtion, so auch für die Industrie in Deutschland unentbehrlich, z. B. Caffe, Thee, Zucker, Taback, Reis, Oel, Wein, Branntwein, Theer, Pottasche, Apothekerwaaren etc.; wie würde es um die Subsistenz und Industrie und Handel in Deutschland stehen, wenn diese und andre fremde Stoffe durch Zölle zu unerschwinglichen Preisen hinangetrieben würden? welchen Repressalien würde man sich gegen deutsche Produkte im Auslande aussetzen? und wie würde es dann um den Absatz der letzteren im Auslande stehen? Solche Zölle würden in keinem Fall einen Ersatz für die aufzugebenden Zölle gewähren; je höher sie wären, desto mehr würden sie, bei den allenthalben offenen Küsten und Grenzen Deutschlands, die zumal bei der Vielheit der verschiednen Territorien zu bewachen nicht möglich sein würde, umgangen und eludirt werden. Handel, Industrie, Absatz inländischer Produkte im Auslande, die Mittel zur Befriedigung nothwendiger und zur Gewohnheit gewordner Bedürfnisse würden durch Zölle der Art aus den Fugen gerissen werden und in Folge dessen allgemeine Verwirrung, Unzufriedenheit und Noth entstehen; der sonstigen dabei unvermeidlichen Nachtheile und Schwierigkeiten zu geschweigen, da es wohl keines Mehreren würde bedürfen können, um die Ueberzeugung von der gänzlichen Unthunlichkeit und Unräthlichkeit einer solchen Massregel zu bewirken."

Ueber diesen Vortrag in der Ausschusssitzung vom 12. waren die hanseatischen Landsleute in Wien nicht sonderlich erbaut. Herr Senator Smidt, der von Bremen angewiesen war, sich zu den Wiener Verhandlungen in Bundessachen dorthin zu begeben, **) aber nicht Mitglied der Conferenzen war, äussert in seinem Schreiben vom 15. Januar: „Es war durchaus unnöthig und voreilig, dass Hach den Hamburgischen Aufsatz, der ihm dazu gar nicht gesandt war, in der Committee verlas und dann Jedermann Abschrift davon ertheilte. Herr Rumpf, mit dem er darüber so wenig wie mit mir vorher gesprochen hat, ist auch keineswegs damit zufrieden und wird nach Hamburg berichten, dass er an diesem Benehmen keinen Theil hat." Es steht dahin, ob dies von Seiten des Herrn Rumpf, des Hamburgischen Minister-Residenten am Wiener Hofe, zur Ausführung gebracht ist. Hamburger Quellen haben mir nicht zur Verfügung gestanden.

**) Fürst Metternich sagte am 21. November 1819 zu einem Mitgliede der Conferenz beim ersten Empfang: „Man hat uns mit der Nachricht geschreckt, dass Herr Senator Smidt kommen würde". Er erhielt jedoch die freimüthige Antwort, „Herr Senator Smidt wolle gewiss nur das Rechte und Gute". Dadurch veranlasst, ging der Fürst zu einer ausführlichen Darlegung der in Deutschland umgehenden Ansichten und Ideen über, worauf an andrem Ort zurückzukommen sich verlohnt. — Ein andres Conferenzmitglied schreibt am 21. December 1819: „Senator Smidt von Bremen ist hier angekommen, um dem Gesandten der freien Städte, Senator Hach, zu assistiren. Seine Hieherkunft ist nicht gern gesehen worden und es wird ihm schwer werden, eine gewisse Scheu, die man gegen ihn trägt, zu überwinden. In den Salons steht er oft allein, wenn nicht Hach oder ich in seiner Nähe sind, und fast bin ich verlegen, allzuoft mit ihm zu sprechen". Für freie Geister, die damals in der Wiener Atmosphäre sich bewegten, galt des Dichters Wort „Schwer liegt der Himmel von Madrid auf mir".

Am Schluss der Commissionssitzung des 12. Januar vereinigten sich noch Präsident von Berg und Senator Ilach, den Grafen Bernstorff zu bitten, er möge bei Oesterreich und Bayern zu vermitteln suchen, dass sie einstimmig mit den übrigen Bundesgliedern in die Freiheit des Verkehrs mit Lebensmitteln willigten, damit hier doch etwas entschieden werde; Bernstorff versprach es. Am nächsten Montag, den 17., wollte man wieder zusammentreten.

Der mitteldeutsche Staatsmann, dessen wir öfter gedachten, war nicht Mitglied des 10. Ausschusses; sein Bericht gibt den Eindruck wieder, welchen die Aussenstehenden empfingen: „Der Ausschuss für Handel und Wandel hat gestern [*]) seine erste Sitzung gehalten, in welcher es noch zu keinem Resultat gekommen ist. Die von Einigen sehr empfohlene Idee, alle Douanen oder Zölle an die Grenzen Deutschlands zu verlegen, findet bei der Mehrzahl als unausführbar Widerspruch; Preussen behauptet, in seinem Steuersystem habe der Bund nicht zu sprechen; es sei ganz rein eine innere Landesangelegenheit; eine dritte Meinung geht endlich dahin, dass Niemand in Deutschland behindert sein dürfe, aus der Nähe seine Bedürfnisse zu beziehen oder in der Nähe seine Erzeugnisse abzusetzen. Mit diesem einfachen Satz würde man zufrieden sein können, wenn er in seiner Allgemeinheit angenommen und die daraus fliessenden Consequenzen zugestanden werden. Ein von den freien Städten hierüber vorgelegter Aufsatz ist ad proximum zur Deliberation ausgesetzt worden. Mehrere von uns haben sich vereinigt, wenn die Sache an das plenum gebracht wird, für diese Meinung uns zu erklären, weil die erste Idee der Grenzzölle noch für die Jugend des Staatenbundes zu gross ist. In die Abstimmungen wird aber unter gegebnen Umständen Manches einfliessen, was Preussen nur ungern vernehmen wird". —

Die auf den 17. Januar angesetzte Ausschusssitzung wurde Mittwoch den 19. gehalten. Graf Bernstorff legte den Entwurf eines Vortrags ans Plenum, verbunden mit einigen „Sätzen", vor. Jener ging dahin, die Lage der Sache und ihre Schwierigkeiten zu entwickeln; diese beschränkten sich darauf, die Sache an die Bundesversammlung zu verweisen, welche durch einen sogleich

---

83) Der Bericht datirt vom 17. Januar; es ist eine irrige Annahme, dass am Tage zuvor die erste Sitzung des 10. Ausschusses stattgefunden. Der vorhin bezeichnete 12. Januar war der Tag der ersten Sitzung. Vgl. Anm. 70.

zu ernennenden Ausschuss, der Sachkundige zuziehen könne,*) den Gegenstand zu bearbeiten, allenfalls Verträge benachbarter Staaten zu vermitteln und vor allen Dingen die Verhandlung über die Freiheit des Verkehrs mit Lebensmitteln wieder aufzunehmen habe. Alle drei Monate müsse der Ausschuss über den Fortgang seiner Arbeiten an den Bundestag berichten. Vorläufig wurde nichts gegen den Vortrag und die Sätze erinnert; das Ganze sollte Tags darauf für die Mitglieder des Ausschusses dictirt und in einer nächsten Sitzung weiter besprochen werden. Graf Bernstorff konnte daher am 21. nach Berlin schreiben: „Die Verhandlung in Betreff der Erleichterung des Handels und Verkehrs zwischen den einzelnen Bundesstaaten ist dahin eingeleitet worden, dass ich hoffen darf, die Mitglieder des Ausschusses in der nächsten Sitzung über einen Ihnen vorgelegten Vortragsentwurf zu vereinigen".

Aber auch diese zweite Ausschusssitzung hatte ihre Bitterkeit für den Vertreter Preussens. Jene Nassauische Denkschrift vom 8. Januar, welche der Verfasser dem Grafen Bernstorff eingereicht und welche dieser wegen des beleidigenden Inhalts zurückgewiesen hatte, war darauf von dem Minister von Marschall an den Ausschuss als solchen gerichtet und deshalb am 19. verlesen worden. Graf Bernstorff erklärte, wiewohl mit sehr gemässigten Ausdrücken, dass er es für unmöglich halte, auf diese mit der Autonomie deutscher Staaten unvereinbaren Anträge einzugehen; er sei indessen bereit, falls man es nöthig erachte, noch einige Worte in den von ihm entworfenen Vortrag aufzunehmen, woraus hervorgehe, dass auf die Eingabe Rücksicht genommen sei.

Dieser Hergang, doch wohl ausserdem Einiges, das vor und nach der Sitzung vom 19. vorgefallen, ist in einer Notiz vom 20. Januar gemeint: „Dem preussischen Ministerium wird wegen des Handels heftig zugesetzt. Minister von Marschall hat den Antrag auf Abschaffung aller seit der Bundesacte neu angelegten Zölle gemacht. Graf Bernstorff soll etwas grob darauf geantwortet haben; Marschall ist aber nichts schuldig geblieben". Herr von Marschall war nicht Mitglied des Ausschusses.

Wenn man liest, wie ausserhalb des letzteren am 20. die Sachlage aufgefasst wurde: „Doch hoffe ich, es sollen nächstens grosse Schritte geschehen;

---

*) In Betreff der Zuziehung von Sachkundigen erwies sich Graf Bernstorff also nachgiebig; er hatte am 12. sich dagegen erklärt. Vgl. Anm. 82.

denn allmählich wird es licht in den Köpfen über das was zu erreichen und was nicht zu erreichen steht; bedauern muss ich, dass in mehreren Punkten, vom Handel und der Competenz zu reden, Preussen noch nicht deutlich sein Verhältniss und sein wahres Interesse erkannt zu haben scheint: isolirt strebt es mit der einen Hand für sich nach der unbedingtesten Selbständigkeit und versucht mit der andern, die Bundesgenossen von sich abhängig zu machen, uneingedenk dessen, dass man geben muss, um zu empfangen" — wenn man das vom 19., dem Tage der zweiten Ausschusssitzung datirte und für den Ausschuss bestimmte Votum des Freiherrn von Fritsch in Betracht zieht, dann erscheint es begreiflich, dass es dem Grafen Bernstorff noch nicht gelungen war, in dem Ausschuss die Meinungen über einen gemeinschaftlichen Antrag zu vereinigen, dass der von ihm dem Ausschuss vorgelegte Entwurf „von mehreren Seiten nicht genügend befunden", dass „Gegenvorschläge" an ihn mitgetheilt wurden, zu welchen, wie er am 29. Januar berichtet: „ich mich meinerseits auf keine Weise verstehen kann". Dabei benahm sich Graf Bernstorff absichtlich „möglichst entgegenkommend", was auch bei Gegnern warme Anerkennung fand: „wäre er nur", schreibt ein solcher noch am 5. Februar, „überall so vermögend, als er geneigt ist, zu helfen!" Er schildert am 29. Januar seinem Herrn, wie er bestrebt sei, „die Geneigtheit Eurer Königlichen Majestät, allen billigen, ausführbaren und mit der Selbständigkeit Ihrer eignen Gesetzgebung verträglichen Vorschlägen entgegenzukommen, auf eine unzweideutige Weise zu beurkunden". Aber der Feldzug gegen die preussische Zollreform dauerte offen und versteckt fort; es blieb das fest ins Auge gefasste Ziel derer, welche unter dem Banner des Artikel 19 der Bundesacte die deutsche Handelsfreiheit verfochten, vor allen Dingen die preussische Handelspolitik zu Fall zu bringen. Und Bernstorff musste am 6. Februar nach Berlin melden: „Bei dem die Angelegenheiten des Handels und Verkehrs bearbeitenden Ausschuss gehen noch immer die unzulässigsten, alle mehr oder weniger gegen das neue preussische Zollsystem gerichteten Anträge ein, und ich werde mich wahrscheinlich bald genöthigt sehen, mich entschieden dahin zu erklären, dass, wofern man nicht jeden Versuch, allgemeine, mit den in einzelnen Bundesstaaten bestehenden Anordnungen unverträglichen Grundsätze aufzustellen, entschieden aufgibt, ich mich von jeder Theilnahme an diesen Verhandlungen werde lossagen müssen".

Das vorhin erwähnte Votum des Freiherrn von Fritsch über den 19. Artikel der Bundesacte vom 19. Januar ist bezeichnend für den obwaltenden Gegensatz. Graf Bernstorff selbst hat — und zwar in seinem Bericht vom 13. Mai, über einen Streit, in welchem der erste Angriff von Fritsch ausgegangen war, bei Gelegenheit der Sitzung vom 11. Mai, worin die Geister recht auf einander platzten — „die persönliche Bescheidenheit und Rechtlichkeit des Weimarischen Ministers von Fritsch" ausdrücklich anerkennend hervorgehoben. Um so mehr fallen die Worte jener Eingabe des Freiherrn v. Fritsch an den Ausschuss ins Gewicht:

„Die Grossherzoglich und Herzoglich Sächsischen Höfe haben den Unterzeichneten beauftragt, sowohl die Klagen der gewerbtreibenden Bewohner ihrer Länder, als den dringenden Wunsch um Abhülfe dem ernannten Committee zu Berathung über die Herstellung des freien Handels zur Beherzigung und Berücksichtigung nochmals und mit Beziehung auf die am Bundestage bereits abgegebene Stimme zu empfehlen. — Mehr als 30,000 Familien, welche den Thüringer Wald bewohnen, nähren sich durch die verschiedenen Eisen- und Stahl- Glas- und Porcellain- u. a. Fabriken und durch den Handel mit mannigfachen Produkten des Waldes; fast alle Erwerbszweige dieser Art sind durch ältere und neuere Zollgesetze eingeengt und durch allzuhohe Abgaben so gut wie vernichtet: die gewohnten Gegenden des nahen Absatzes sind verschlossen und eine allgemeine Nahrungslosigkeit, ein Missmuth, der an Verzweiflung grenzt, davon die traurige Folge. Schon zeigen sich die Spuren von Räuberbanden, welche früher in jenen Gegenden ganz fremd waren, und erfordern kostbare Sicherheit- und Straf-Anstalten: die Abgaben gerathen ins Stocken und die Finanzquellen dieser Länder versiegen. — In dem Sinn und Geist der Bundesnote liegt es unstreitig, dass das gemeinsame Band, welches die Bundesstaaten zu Erhaltung der innern und äussern Sicherheit umschliesst und das Gesammtwohl des deutschen Volkes stets als Ziel verfolgt, auch die wohlthätige Wirkung auf den Gewerbefleiss und innern Handel äussere; die Bestimmungen wegen der freien Schiffahrt und die Aufnahme der Handelsfreiheit unter die Berathungsgegenstände des Bundestags liefern hiezu den unwidersprechlichen Beleg. Nicht feindselig sollen die Bundesstaaten einander gegenüberstehen, die Nahrungsquellen wechselseitig verkümmernd oder verstopfend, sondern es ist die vollkommenste Handelsfreiheit eine unerlässliche Bedingung der Einheit Deutschlands, von welcher offenbar das Wohl und Wehe so vieler Länder und Unterthanen abhängt und ohne deren Zugestehung es zur Unmöglichkeit wird, den übernommenen Bundespflichten zu genügen, vielweniger deren noch mehrere zu übernehmen.[87]) — Die innere Ruhe Deutschlands schien gefährdet, doch auf die Masse des Volks konnten abstrakte Theorien, verkehrte Sätze und Aufreizungen gegen die Regierungen nicht einwirken, so lange das Volk glücklich war und durch die Sorgfalt der Regierungen der Wohlstand und die Gewerbe blühten. Wer vermochte aber auf die Dauer solcher Gesinnungen zu zählen, wenn der arbeitenden Classe die Mittel des Erwerbs, wo nicht ganz entzogen, so doch erschwert werden, dass die Existenz, das Leben bedroht ist, und der Mangel an dem Nothwendigsten die Gemüther zu Gewaltthätigkeiten aufregt? — Wenige Sätze sind es, deren Aufstellung und Annahme dem Bundesverein angemessen erscheinen, und die gewiss zur allgemeinen Beruhigung beitragen. Es sei erlaubt als solche in Vorschlag zu bringen: 1. Jedem Producenten bleibt es unverwehrt, das Erzeugniss seines Fleisses so nah wie möglich und

---

[87]) Anspielung auf die zugemuthete Erhöhung der Contingentstellung. Der Herzog von Coburg, der am 28. Januar in Wien ankam, um auf das Möglichste die Contingentsache zu verfechten, d. h. anzufechten, hatte sich ein Manoeuvre ausgedacht, das am treffendsten mit den Worten wiedergegeben wird, welche der Herzog in einer langen Conversation am 31. Januar brauchte: „Kein Militär ohne Handelsfreiheit". Am 5. Februar berichtet ein mitteldeutscher Staatsmann: „In der Sache der Contingentstellung sowohl als wegen der Handelsfreiheit ist der Herzog von Coburg ein sehr eifriger Alliirter, der mit allen Waffen ankämpft, um von der einen Seite die Lasten zu mindern, von der andern Seite die Freiheit des Verkehrs zu erringen. Er sprach mir heute davon, die Zustimmung zu andern Lasten von Gewährung des letztern abhängig zu machen und war geneigt, diesen Trumpf auszuspielen". Aber dieser Trumpf, „Militär gegen Handelsfreiheit" war doch bedenklich ("mündlich gegen Metternich und Gentz habe ich nichts dagegen, aber schriftlich nehme ich doch Anstand, damit hervorzutreten") —, weil, wie der mitteldeutsche Gesandte am 15. Februar schreibt, „das Militär nothwendig ist zur äussern Sicherheit, dem Hauptzweck des Bundes, dagegen freier Handel mehr Gegenstand des Wunsches ist, als bestimmte Vorschrift". (So sprach man im Vertrauen von dem Artikel 19, unter dessen Panier man zu Felde zog!) Und schon am 19. Februar hiess es: „Der Herzog von Coburg, so wohlgesittter hier, wird nichts ausrichten"; seine Hoffnung war „sehr gesunken". Doch ist „die Wechselwirkung der Zollbedrängnisse auf die Contingentstellung" in der Plenarsitzung vom 11. Mai 1820 noch — „etwas leise" — berührt worden.

wo er will in dem Bundesstaat abzusetzen, und ebenso II. jedem Consumenten gestattet, sein Bedürfniss auf dem nächsten Weg zu beziehen; III. wenn Massregeln der Finanz es gebieten, einen oder den andern Artikel mit Consumtionsabgaben zu belasten, so darf dennoch keine Abgabe durch die Art der Perception jenen vorbemerkten beiden Sätzen entgegentreten, noch weniger den Verkehr der Bundesstaaten gänzlich hemmen; IV. die auf dem Congress zu Wien angenommenen und ausgesprochenen Grundsätze über die freie Schiffahrt werden nach ihrem ganzen Umfang vollzogen. — Nach Demjenigen, was von Sr. Excellenz dem Grossherzoglich Badenschen Minister Freiherrn von Berstetten und von Sr. Excellenz dem Herzoglich Nassauischen dirigirenden Staatsminister Freiherrn von Marschall über die Wichtigkeit dieses Gegenstandes und über die dringende Nothwendigkeit, mit demselben sich auf das sorgfältigste in Geist und Sinn der Bundesacte zu beschäftigen, bereits ausgesprochen worden ist, bleibt dem Unterzeichneten nur übrig, die durchgängige Uebereinstimmung mit deren Ansichten zu versichern". —

Diese durchgängige Uebereinstimmung sollte noch in andrer Weise sich geltend machen. Wie war es damals anders möglich? Berstett und Marschall waren die eifrigen Vorkämpfer des freien Handels und der freien Schiffahrt; dagegen erschien Preussen als der halsstarrige Widerpart. Auch in Bezug auf die Schiffahrt! Erklärte es sich auch bereit, die zur Sicherung der Abgaben auf der Elbe unterhaltnen Veranstaltungen zu entfernen, so wollte es doch die bestehende Art der Aufsicht nicht eher aufgeben, als bis in gemeinsamer Uebereinkunft vollkommen hinreichende Anstalten zur Abhaltung des Schleichhandels auf dem Ufer errichtet seien. Dadurch aber, dass Jemand Waaren in einem Anhaltischen Ort niederlegte, entstände noch keine Sicherheit, dass sie von dort nicht nach Preussen eingeführt würden, da dieses gegen Anhalt von allen Seiten offen wäre. Das konnte denn dahin führen, dass preussische Zollbeamte eine Schiffsladung, deren Eigenthümer Anhaltischer Unterthan war, anhielten und mit Beschlag belegten, weil der Anhaltiner sich weigerte, die preussische Eingangs- oder Verbrauchssteuer zu entrichten. Das Interesse der Enclaven war aber ein für Anhalt und die sächsischen Fürstenthümer gemeinsames; so instruirte der Grossherzog von Sachsen-Weimar bereits am 14. Dezember, der Herzog von Coburg am 28. den Gesandten, „gemeinschaftlich mit Anhalt in der Zollsache gegen Preussen zu handeln." ⁸⁸) Waren es doch nicht nur diese gewiss dringenden Anliegen des eignen Landes, schien doch der Gegensatz zu Preussen ein allgemeiner, ein principieller! Karl August hatte sich in der seinem Bevollmächtigten ertheilten Instruction vom 8. November 1819 unzweideutig für das grosse Ziel einer nationalen Handelspolitik ausgesprochen, dem Preussen, wie es schien, unübersteigliche Hindernisse entgegenstellte: „Je wichtiger der Punkt wegen des zwischen den einzelnen Bundesstaaten zu erleichternden Handels und Verkehrs als eine **unerlässliche Bedingung der Einheit Teutschlands** ist, und je offenbarer hiervon noch das Wohl und Wehe mehrerer Theile des Grossherzogthums abhängt, desto fester ist auf den deshalb von Uns bei dem Bundestage schon aufgestellten Grundsätzen ⁸⁹) zu bestehen, die vollkommenste Handels- und Gewerbefreiheit anzusprechen und, wenn sich nur einige Hoffnung zur Erreichung eines günstigen Erfolgs darbietet, auf das Ernstlichste dahin zu streben, dass, mit Aufhebung aller Sperrungen durch Zoll- und Mauthlinien in dem Innern Teutschlands, die Aus- und Eingangszölle an die Grenzen des Bundes verlegt werden." ⁹⁰) Aber dem Gesandten war auch sein Verfahren bestimmt genug vorgezeichnet: „Wir empfehlen nach Aufstellung der Instructionspunkte Unserm Bevollmächtigten Minister noch die Vorsicht, dass Er sich eher an die Meinungen und Aeusserungen solcher Höfe, deren Interesse und Grundsätze mit denen Unsres Hauses am Meisten übereinkommen, anschliessen, als mit eignen Ansichten und Anträgen vorschnell hervortreten möge, wollen aber damit keineswegs gesagt haben, dass er nicht **mit vollem Vertrauen auf die gute Sache** auch den Augen-

---

⁸⁸) „Nicht blos durch das Wort Einiger im Staate, sondern durch den Nachbarstaat selbst und durch Handlungen wird hier das Recht verletzt, wird das Verhältniss zerstört, welches die Bundesakte sichern soll" — Worte der Instruction vom 14. December 1819.

⁸⁹) Votum des Grossherzoglich und Herzoglich Sächsischen Bundestagsgesandten in der Sitzung der Bundesversammlung vom 22. Juli 1819.

⁹⁰) Die Instruction von Sachsen-Gotha hatte auch „besonders folgerecht über die preussischen Schritte sich ausgesprochen." In der Instruction von Sachsen-Hildburghausen war Handelsfreiheit gefordert als „Ersatz für den Verlust der Pressfreiheit." — Eine spätere Sachsen-Weimarische Instruction, vom 28. April 1820, protestirt gegen die Fortdauer des damaligen Zustandes in Betreff der Freiheit des Handels und Wandels; es seien energische Anträge am Bunde anzukündigen. Alles wies den wackern Freiherrn von Fritsch in die von ihm eingeschlagene Richtung: nicht am wenigsten die ehrliche eigne Ueberzeugung des Mannes.

blick ergreifen solle, wo ein kräftiges Wort von seiner Seite wirken oder doch den Beweis zu den Akten bringen kann, dass Wir den Zustand des deutschen Volkes, seine Bedürfnisse und Rechte erkannt und gewürdigt haben, dass Uns das Wohl des Vaterlandes ohne alle Nebenrücksichten wahrhaft an dem Herzen liege." Und danach bestimmte sich die Handlungsweise des Freiherrn von Fritsch, wie Karl August am 4. Februar 1820 anerkannt hat: „Uebrigens spricht sich in den bisherigen Bemühungen Unsres Bevollmächtigten das einsichtigste und fleissigste Streben für die Sache Teutschlands wie für die besondern Interessen Unsres Landes so deutlich aus, dass Wir nur wünschen können, es möge Ihm möglich sein, auf diesem von Ihm betretnen Wege fortzufahren und zu dem Zweck zu gelangen, welchen Er schon selbst ins Auge gefasst hat." Die Lage der Dinge brachte es mit sich, dass ein solcher Staatsmann im Dienst eines solchen Staatsoberhauptes nicht anders konnte, als mit Berstett, Marschall, Plessen gemeinschaftliche Sache zu machen gegen Preussen, als zu agitiren gegen die preussische Zollreform zu Gunsten einer grossen deutschen Handelseinigung.

Es gibt wenig Lehrreicheres, als die leidenschaftlose Betrachtung der damaligen Parteinahme für und wider: für Deutschland ist wider Preussen! Denn wer den grossen deutschen Zollverein will, der muss die „unglückselige" preussische Zollgesetzgebung rückgängig machen. Hiernach gruppiren sich die Menschen und gestalten sich — scheinbar — auch die Dinge.

Stand denn der Verwirklichung jener deutschen Ideale Preussen allein im Wege? Wer dem Gange der Verhandlungen zu Wien aufmerksam folgt, auch die persönlichen Beziehungen der Gesandten zu einander und namentlich Marschall's und Berstett's Verhältniss zum Fürsten Metternich nicht ausser Acht lässt, der wird geneigt sein anzunehmen, Oesterreich begünstige jene weitaussehenden Pläne, die freilich noch zu Karlsbad von Metternich wie Utopien belächelt worden waren, oder zum Mindesten, Oesterreich sehe, bei allem noch so glücklichen und vollkommenen Einverständniss mit Preussen, diese Utopien als willkommne Handhaben einer Politik an, durch welche die Stellung Preussens zu den übrigen deutschen Staaten immer mehr für die Nothwendigkeit einer Oesterreichischen Vermittlung zugerichtet würde. Der Fürst Metternich hatte von dem sehr geachteten Präsidenten der Commerz-Hofcommission, Herrn von Stahl ein Gutachten über die zu fassenden Beschlüsse wegen des Handels und Verkehrs gefordert. Herr von Stahl unterhielt sich am 7. Februar mit einem der Gesandten, welcher nicht für Marschall's und Berstett's Projecte schwärmte. Zwar wusste der hochstehende kaiserliche Beamte auch diesem Diplomaten Angenehmes zu sagen, verbrämt mit Anspielungen auf Preussen: in einigen Tagen werde eine dem Transit sehr günstige Zollverordnung in Wien publicirt werden, „welche fast in allen Punkten weit milder wäre, als die preussische"; ferner, die Elbschiffahrtssache werde „nun recht bald" und zwar auf eine für den Handel der freien Stadt Hamburg sehr günstige Weise regulirt sein. Aber in Betreff der allgemeinen Handelsfrage sprach Herr von Stahl keineswegs im Sinne von Marschall und Berstett; er bedauerte vielmehr, dass die Interessen der Finanzen, des eigentlichen Handels und des Fabrikwesens sich immer gegenseitig im Wege stünden. Das klang nicht danach, als ob Oesterreich Willens und im Stande wäre, das Alles zu gewähren, was man ersehnte. Stellte doch der Mann, von welchem Metternich ein Gutachten gefordert, als eine Art von unlösbarem Problem hin, was Preussen durch seine Gesetzgebung für sein Gebiet erreicht hatte und das man meinte für ganz Deutschland erreichen zu können, wenn es eben Preussen für sich nicht schon besässe. Das klang eher danach, als ob Oesterreich das „Haupthinderniss" sein würde, wenn nicht schon Preussen das odium übernommen hätte, dies Haupthinderniss zu sein. Doch eben, da Preussen das odium trug, mochte Oesterreich die Miene annehmen, als wäre es auf Seite der „Patrioten". Es hatte von ihren Bestrebungen, die ja Preussen vereitelte, für sein Prohibitivsystem nichts zu fürchten und für Oesterreich erwuchs daraus gerade der reine Gewinn, dass Preussen sie vereitelte und sich verhasst machte. So liess Metternich ungesagt wie er dachte, forderte Gutachten, engagirte sich nicht und — begünstigte die Anstrengungen derer, welche, um Deutschland einig zu machen, die Zolleinheit der Deutschen im preussischen Staat aufzulösen so rastlos bemüht waren. Unsrem mitteldeutschen Staatsmann gab man, wie derselbe am 5. Februar meldet, „Hoffnung, dass Adam Müller einen vortrefflichen Aufsatz über Handelsfreiheit hieher gebracht habe und Fürst Metternich dadurch noch mehr für die Sache gewonnen worden sei". Am 17. Februar „tröstete" denselben „über den Handel in etwas" Friedrich Gentz: „es werde vielleicht noch mehr zu Gunsten desselben herauskommen, als z. B. Freiherr von Fritsch in seinen Vorschlägen beabsichtigt . . ."

Nur selten fiel ein schwacher Schimmer in diese Dämmerung koketter Staatskunst; nur im Vorübergehen bemerkte man, was freilich bald wieder in Vergessenheit gerieth, dass ausser Preussen vielleicht auch Oesterreich im Wege stünde.

Am 10. Februar war beim Grafen Bernstorff die Commission wegen des Handels und Verkehrs versammelt.⁹¹) Man verglich die Sätze, welche früher Bernstorff, und andre, welche später Berstett aufgestellt: der bekannte Gegensatz war darin formulirt. Die Gesandten theilten beide Entwürfe an ihre Höfe mit: es ist einleuchtend, dass die letzteren — zumal die patriotisch gesinnten Höfe — die preussischen Vorschläge missbilligten, die Badischen billigten. Da in der Sitzung nun Graf Bernstorff die Unmöglichkeit erklärte, weiter gehen zu können, als in seinen Sätzen gegangen sei, da man ferner dafür hielt, „dass auch wegen Oesterreichs eine dem Handel günstigere Bestimmung nicht zu erreichen sei" und dass es der Bundesversammlung überlassen werden müsse, wie sie den ihr zu ertheilenden Auftrag — an dessen Ausführbarkeit man nachgerade verzweifelt — vollziehen werde, so ward man einig, dass von einer blossen allgemeinen Instruktion der Bundesversammlung⁹²) und von einer Vereinbarung zur gleichförmigen Instruktion wegen des freien Verkehrs mit Lebensmitteln die Rede sein solle! Baden wünschte, dass auch der Flussschifffahrt gedacht würde; Preussen erhob Widerspruch gegen die Ungehörigkeit dieser Erwähnung; dieser Widerspruch „wurde jedoch durch Beziehung auf den 19. Artikel der Bundesacte zum Theil gehoben": wie das möglich war, lässt sich schwer absehen. Der Antrag der freien Städte, dass

---

⁹¹) Nur Herr von Falck, der Niederländische Gesandte fehlte.

⁹²) Es war vorherzusehen gewesen. Schon am 23. Januar schrieb ein mitteldeutscher Staatsmann: „Die bei dem . . . Ausschuss ergangenen Verhandlungen geben nur die Aussicht, dass dieser Punkt an den Bundestag zur näheren Vorbereitung und Ausarbeitung eines erschöpfenden Gutachtens verwiesen werde. Preussen verweigert standhaft die Zustimmung zu einem Beschluss, der es sein Zollsystem abzuändern zwingen könnte". „Das Bestreben der Freunde der Handelsfreiheit geht dahin, nur einige Direetiv-Normen mit in den Bundesbeschluss einzuweben, welche der zu ernennenden Commission als Vorschrift gelten sollen". Der Gesandte nennt darauf die vom Freiherrn von Marschall vorgeschlagnen vier Punkte. (Vgl. oben die Denkschrift Marschalls vom 8. Januar.) „Wie weit es mit Annahme dieser Sätze gebracht werden könne, ist sehr ungewiss; und nach allen Anzeichen wird besonders der dritte Satz nicht zugestanden". Um das Letztere vorauszusehen brauchte man freilich kein Seher zu sein; der „dritte Satz" sollte bekanntlich die Bundesglieder verpflichten, „die seit 1815 neu angelegten Zölle wieder aufzuheben!"

der Auftrag an den Bundestag „auf die Beförderung des deutschen Handels überhaupt, insbesondre aber des Handels und Verkehrs unter den Bundesstaaten, nach Anleitung des 19. Artikels der Bundesacte gerichtet werden möge", ward sehr wohl aufgenommen, nachdem Senator Hach gezeigt hatte, dass in dieser Erweiterung ein kleiner Trost für die schreienden deutschen Fabrikanten und die Möglichkeit zu allgemeinen deutschen Handelsverträgen liegen, welche längst in Beziehung auf die Englische Navigationsacte und andre den Handel beschränkende Gesetze fremder Staaten gewünscht seien. Der Bayerische Minister Freiherr von Zentner erklärte, wieweit er, vorbehaltlich künftiger nicht zu bezweifelnder Zustimmung der Bayerischen Stände, nach neueren Instruktionen gehen könne. Aufhebung aller Einfuhrverbote, Salz ausgenommen, Freilassung des Transit gegen eine sehr mässige Zollabgabe nach dem Gewicht, welches zur Erleichterung nach der Anspannung zu schätzen sei und freien Verkehr mit Lebensmitteln ohne Steigerung des Zolls nach Massgabe des Preises: das Alles war Bayern zu bewilligen bereit. Und das Alles sagte wohl deutlich, dass auch in München ein „Haupthinderniss" zu erblicken war! Doch im Ausschuss acceptirte man bestens und wünschte, Bayern möchte dies zum Protokoll des Plenum geben, als einen Leitfaden für die künftigen Arbeiten der Bundesversammlung.

Sind nicht die Ansprüche bedeutend herabgestimmt in dieser Ausschusssitzung vom 10. Februar? Ein mitteldeutscher Gesandter, der nicht Mitglied des Ausschusses war, berichtet am 10., während derselbe berieth: „Ich kann nach mehreren Aeusserungen erwarten, dass Preussen zu keinem allgemeinen Grundsatz die Zustimmung ertheilt, sondern nur die Geneigtheit, billige Erleichterungen gegen die Nachbarstaaten stattfinden zu lassen, aussprechen wird.", Ein Ausschussmitglied, aus dem Norden Deutschlands, schreibt am folgenden Tage, dem 11.: „Der zehnte Ausschuss hat in Betreff des Handels und Verkehrs kein erwünschtes Resultat hervorbringen können, da Oesterreich von seinem Handelssystem ebensowenig abgehen will, als Preussen von seinem Zollsystem. In einer gestern gehaltenen Conferenz hat man sich blos dahin vereinigen können, dass die Bundesversammlung instruirt werden soll, den Handel Deutschlands überhaupt und die Erleichterung des Handels und Verkehrs insonderheit unter den Bundesstaaten, wie auch die Ausführung der wegen der Flusschiffahrt in der Wiener Congressacte festgestellten Grundsätze zum vorzüglichen Gegenstand ihrer Aufmerksamkeit zu machen, zunächst aber dahin zu wirken, dass der freie Verkehr mit den nothwendigsten Lebensbedürfnissen innerhalb des Bundesgebiets nach Anleitung der deshalb bereits entworfnen Uebereinkunft von allen Bundesgliedern genehmigt werde. Da Bayern von den Schwierigkeiten, welche es in dieser Hinsicht erregt hatte, absteht, und Oesterreich geneigt scheint, dieser Vereinbarung beizutreten, so ist zu hoffen, dass wenigstens Etwas in Beziehung auf einen Gegenstand gethan werde, welchen man in der Bundesacte lieber nicht hätte berühren sollen, wenn man eine bestimmte Verbindlichkeit deshalb einzugehen nicht für rathsam fand." Graf Bernstorff schrieb am Tage nach der Ausschusssitzung: „Hinsichtlich der Frage über Freiheit des Handels und Verkehrs zwischen den einzelnen Bundesstaaten ist es mir jetzt gelungen, alle auf die Aufhebung oder Abänderung der bestehenden Verhältnisse gerichteten Anträge dahin zu beseitigen, dass der Ausschuss seine Vorschläge neben einem ganz allgemeinen Satze wegen möglichster Ausführung des 19. Artikels der Bundesacte auf die Wiederaufnahme der Erörterung in Betreff des freien Verkehrs mit Getreide und andern ersten Lebensbedürfnissen beschränken wird." Es war auch keine Niederlage Bernstorffs, dass ihm eine Art von Redactionscommission zur Seite gestellt wurde. Der Antrag ging von Baron Zentner aus, der nicht den Badischen Minister, sondern Herrn von Berg und den nach Abberufung des Grafen von Einsiedel als zweiter Bevollmächtigter für das Königreich Sachsen fungirenden Herrn von Globig[33]) vorgeschlagen und später hinzugefügt hatte, ob nicht Herr Senator Hach auch daran theilnehmen wollte. Letzterer, in der Ueberzeugung, dass die Arbeit in genügenden und guten Händen sei, hielt ein bescheidnes Ablehnen der Höflichkeit für angemessen. Globig und Berg erboten sich, an demselben Tage noch in Berathung zu treten und an Hach das Resultat vorläufig mitzu-

---

33) In der Plenarsitzung vom 28. December hatte Graf von Einsiedel, der königlich Sächsische Staatsminister, seine Abberufung von den Conferenzen und ferner angezeigt, dass der bisherige zweite Bevollmächtigte, Graf von der Schulenburg, Sächsischer Gesandter am Wiener Hofe nunmehr als erster, dagegen an dessen Stelle der Geheime Rath von Globig als zweiter Bevollmächtigter bei den Conferenzen eintreten werde. Herr von Globig wurde in der Conferenz vom 8. Januar eingeführt. Vgl. Aegidi, Schlussacte, S. 50. 51. und 53. An Stelle des Grafen Einsiedel wurde nicht Graf Schulenburg, sondern Herr von Globig Mitglied des achten Ausschusses.

theilen. Diese Subcommission konnte an der Sache selbst nichts ändern; sie hielt nur ein wenig auf, so dass Bernstorff am 20. Februar zu berichten hatte: „Auch hinsichtlich der Frage über den Handel und Verkehr zwischen den einzelnen Bundesstaaten habe ich die gewünschte Vereinigung in dem Ausschuss noch immer nicht bewirken können; es bleibt mir jedoch die Hoffnung, die Sache im Laufe dieser Woche zum Vortrag zu bringen". Vielleicht war es ein Liebesdienst, diesmal für Preussen, dass Fürst Metternich in der Plenarsitzung der Conferenzen am 21. Februar in Betreff der Arbeiten des Ausschusses eine „Anfrage" stellte, welche Bernstorff dahin beantwortete, dass „vielleicht am Ende dieser Woche vorgetragen werden könne". Es war jedoch dem Fürsten erwünschter, die Verhandlung, als sie reif geworden, möglichst hinauszuschieben. Die aussenstehenden Gesandten verfolgten mit Spannung den Fortgang der Berathungen, wenig hoffend, meist verzagt, und immer noch nicht befreit von dem Wahn, Preussen werde seine Reform rückgängig machen müssen. Der mitteldeutsche Staatsmann schreibt am 12. Februar: „Der Handelsausschuss ist viel und lange in Berathung getreten und man bestrebt sich, irgend ein Resultat zu leisten; aber man bezweifelt, ob die zur Redaction ernannten Mitglieder von Globig, von Berg und Hach vermögend sein werden, einige allgemeine Sätze aus den verschiedenartigsten Ansichten herauszuziehen. Preussen vertheidigt sein neues Zollsystem mit vieler Energie und so wird nur Ein Punkt, der jenem System nicht entgegen ist, durchgehen und das Volk befriedigen; der freie Verkehr mit den Lebensmitteln, welcher 1817 nicht bewilligt wurde, ist, wie ich annehme, allgemein zugestanden und wird ein Prinzip abgeben, worauf die Folgezeit weiter bauen wird." Derselbe am 15. Februar: „Ueber den Handel wird es lebhafte Debatten vielleicht geben; neue Weisungen von Berlin haben dem Grafen Bernstorff die Pflicht, die traurige, auferlegt, Einiges zurückzunehmen, was er bereits bei dem Ausschuss nachgegeben; ich muss fürchten, dass nicht einmal der freie Verkehr mit den Lebensmitteln ausgesprochen wird. Beklagenswerthes Loos, wenn die Bundes-Einheit nur zu Lasten, nie zu Vortheilen führt." Am 22. Februar: „Der Handel wird nächstens von der Commission in Vortrag gebracht werden; noch gestern versicherte mich Graf Bernstorff, der freie Verkehr mit den Lebensmitteln werde denn doch noch ausgesprochen und für den übrigen Handel Aussichten eröffnet." Endlich am 27. Februar: „Die Bedrängnisse des Handels zu heben

wird wenigstens ein Anfang gemacht; möchte nur Preussen in das neue von
einer Partei daselbst erkämpfte Zollsystem nicht den Werth setzen, dass es
seine Selbständigkeit comprommittire, wenn es auf die Wünsche Andrer Rücksicht
nimmt — möchte es übrigens erkennen, dass nur strenge Gerechtigkeit gegen
Andre es ist, welche seinem Hof Zutrauen erwirbt und dessen eigne prekäre
Lage zu einer vollkommen sichern umwandelt. Preussens böser Genius ist es,
der zu Verletzungen der Nachbarstaaten es verleitet und aus Freunden und
Alliirten Gegner hervorruft. Sehr schwierig ist es, mit dem sonst so trefflichen
und ehrenwerthen Grafen Bernstorff über diese Zollsachen zu verhandeln;
durch viele und harte Aeusserungen ist er verwundet und es fast unmöglich
bisher gewesen, ganz ruhig und unparteiisch diese Angelegenheit zu erörtern."
Am 26. Februar sandte Graf Bernstorff ein erstes Resultat seiner Bemühungen
nach Berlin, kein abschliessendes: denn der Staatskanzler Hardenberg liess den
Bericht des Grafen an den Geheimen Rath J. G. Hoffmann gelangen, der sich
darüber zu äussern hatte. Bei den Mitgliedern des Ausschusses waren die
„Commissionsacten" circulirt; am 26. Februar kamen sie in die Hand des
Vertreters der Städte. In den Acten befand sich ein Entwurf der Herren
von Globig und von Berg. Im Widerspruch gegen diese Redaction scheinen
Bernstorff und Berstett sich begegnet zu sein: Bernstorff, weil sie ihm
zu weit ging, — Berstett aus Resignation. Denn zu dem Globig-Bergschen
Entwurf hatte der Letztere ausführliche Bemerkungen gemacht, die jedoch hauptsächlich gegen den begleitenden Vortrag, d. h. den Bericht an das Plenum
gerichtet waren. Es schien dem Freiherrn von Berstett besonders daran zu
liegen, dass der frühere Vorschlag einer allgemeinen Zolleinrichtung
für ganz Deutschland gegen das Ausland als gar nicht geschehen
angesehen werde. So weit war es gekommen: Berstett schämte sich, im
Sinne seines Nebenius vorgegangen zu sein. Den praktischen Staatsmann reut
ein Unternehmen, welches scheitert. — Graf Bernstorff hatte hierauf die
Acten wieder an sich genommen, neue Sätze entworfen und Alles wieder
an Herrn von Globig geschickt, welcher die Acten mit einem auf Vereinbarung der verschiednen Ansichten gerichteten Gutachten wieder in Umlauf
setzte. Durch die Redactionscommission war die Sache offenbar ins Stocken
gebracht; zur Ansage einer neuen Ausschusssitzung war es gar nicht gekommen.
Dies geschah endlich am 1. März. Und nun berieth der Ausschuss an den

beiden aufeinander folgenden Tagen, dem 2. und 3. März, und war dann „soweit gediehen", dass er seine Thätigkeit abschloss. Ihr Ergebniss war genau dasselbe, welches Bernstorff gewollt. Abgesehen von unwesentlichen Aenderungen, welche der Gesandte der freien Städte anregte — darunter die Weglassung einer aufrichtigen Andeutung von Grenzen des Möglichen, die „überflüssig und von ungünstiger Wirkung" sein dürfte —, war der Bernstorff'sche letzte Entwurf unverändert geblieben. Denn „da Graf Bernstorff erklärte, unmöglich weiter gehen zu können, als dessen Anträge reichen, so wurden diese ohne Widerspruch angenommen". Also auch ohne Widerspruch von Seiten Berstett's!

In Betreff des „Vortrags" war am 2. März zunächst in Frage gekommen, ob nach dem Wunsche des Badischen Ministers von dem Gedanken eines auf Retorsion beruhenden allgemeinen Zollsystems für Deutschland gar nicht die Rede sein solle? Der Gesandte der freien Städte war es, welcher beantragte, dass man entweder die Ausschussverhandlungen ganz ausführlich darlegen oder überhaupt nur eine kurze und allgemeine Einleitung zu den Sätzen vorlegen möge. Der Gesandte stützte sich dabei auf den Umstand, dass „der Professor List, Namens des sogenannten Handelsvereins, in diesen Tagen eine weitläufige Denkschrift[94]) nebst einer Vorstellung an den Kaiser und einer andern an den Fürsten von Metternich überall vertheilt . . ." habe, „worin die freien Städte und Leipzig als die eigennützigsten Opponenten der zum Gemeinwohl Deutschlands gereichenden Massregeln dargestellt und diese Städte — namentlich in der Vorstellung an den Fürsten — mit Unwahrheit und Verläumdung angegriffen werden."[95]) Diese Aeusserungen gegen die Städte tadelte Graf Bernstorff sehr und versicherte, den Herrn Professor List darüber ernstlich zurechtgewiesen zu haben. Hoch sprach sich aber gegen den ersten, für den zweiten Theil seiner Alternative aus. Die kurze und allgemeine Einleitung „dürfte um so zweckmässiger sein, da es doch hier zu keinen Resultaten komme und eine erschöpfende Rechtfertigung fast unmöglich sei." Hiermit waren Alle einverstanden. Graf Bernstorff entwarf

---
[94]) Vom 15. Februar 1820. Gesammelte Schriften von Friedrich List, zweiter Theil, S. 43. Vgl. ob. Anm. 75.
[95]) Es war nair, diese Schriftstücke, die für die freien Städte so wenig schmeichelhaft waren, dem Vertreter derselben auszustellen.

statt eines von den Anträgen selbst verschiednen, besondern Vortrags zwischen dem 2. und 3. März die kurze Einleitung, welche in der Ausschusssitzung des folgenden Tages, des 3. März, genehmigt wurde.

Am 4. März versammelte sich das Plenum der Conferenzen und Graf Bernstorff verlas darin die Arbeit des zehnten Ausschusses. Als der Vortrag begann und der erste Satz, der diese Sache an den Bundestag verwies, abgelesen wurde, da „platzte einer der Anwesenden in Lachen aus, dem fast Unanimia nachfolgten."

So dachten am 4. März 1820 die Minister der deutschen Fürsten über den Bundestag. Und mit Recht. Denn weil die Regierungen die Aufgabe für unmöglich ansahen, darum verwiesen sie die Lösung derselben an den Bundestag. So untergruben sie sein Ansehen systematisch.

Der Vortrag des zehnten Ausschusses lautete:[*]

„Dem zehnten Ausschuss ist der Auftrag geworden, der hochverehrlichen Versammlung gutachtliche Vorschläge darüber vorzulegen, wie dem Art. 19 der Bundesacte durch solche Erleichterungen des Handels und Verkehrs zwischen den verschiednen Bundesstaaten Genüge geschehen könne, als die Verschiedenheit örtlicher Verhältnisse und zumal die besondern Steuer-Systeme der einzelnen Staaten zulassen möchten. — In der Art, wie diese Aufgabe gestellt ist, liegt schon die Andeutung und Anerkennung der Schwierigkeit ihrer Lösung. — Diese Schwierigkeit hat sich bei näherer Beleuchtung des Gegenstandes nur zu sehr bestätigt. — Nachdem der Ausschuss alle, sowohl in seiner Mitte ausgesprochnen, als ihm von einigen andern der Herren Bevollmächtigten vorgelegten Wünsche und Ansichten auf das sorgfältigste geprüft und keinen Versuch unterlassen hat, um solche, soweit es die Verschiedenheit der Zoll-, Steuer- und Gewerbe-Verfassung der einzelnen Bundesstaaten für jetzt nur irgend gestattet, unter sich auszugleichen und in einem einhelligen Beschlusse zu vereinigen, sieht sich derselbe genöthigt, seine Anträge auf folgende, mehr vorbereitende als entscheidende, keinen künftigen bundesförderlichen Beschlüssen vorgreifende Bestimmungen zu beschränken:

I. Die Bundesversammlung hat die Beförderung und Erleichterung des deutschen Handels überhaupt, und insonderheit auch des Verkehrs zwischen

---

[*] Beilage Lit. D. zum Protokoll der 18. Sitzung; Aegidi, Schlussacte, S. 140. 141.

den einzelnen Bundesstaaten, nach Anleitung des 19. Artikels der Bundesacte, als einen der Hauptgegenstände ihrer Aufmerksamkeit und Thätigkeit anzusehen, und sich fortwährend zu bestreben, die diesem Endzweck entgegenstehenden Hindernisse aus dem Wege zu räumen.

II. Sie hat zur näheren Bearbeitung dieser Gegenstände einen Ausschuss zu bestellen und demselben die Befugniss zu ertheilen, zu seinen Berathungen diejenigen Sachverständigen zuzuziehen, welche einzelne Bundesstaaten zu diesem Ende abzuordnen sich veranlasst finden möchten.

III. Zuvörderst und vorzugsweise hat die Bundesversammlung ihre Bemühungen dahin zu richten, dass die in ihrer Mitte früher eingeleitete Verhandlung, wegen des freien Verkehrs mit allen Arten von Getreide, Hülsenfrüchten, Kartoffeln und Schlachtvieh, wieder angeknüpft, und eine Vereinbarung darüber nach Möglichkeit befördert und zur Ausführung gebracht werde.

IV. Um auch der Flussschiffahrt die derselben durch die Wiener Congressacte zugesicherte Erleichterung wirklich zu gewähren, machen sämmtliche dabei betheiligte Bundesglieder sich verbindlich, die desshalb schon bestehenden Unterhandlungen so eifrig zu betreiben und so schnell zu beendigen, als die Natur des Gegenstandes es zulassen kann, wie auch da, wo noch keine Unterhandlungen eingeleitet sind, solche baldthunlichst eintreten zu lassen.

V. Die in Folge der vorstehenden Bestimmungen den sämmtlichen Gesandten am Bundestage zu ertheilenden Instruktionen sind demselben binnen kürzester Zeit zuzusenden. —"

Es unterliegt keinem Zweifel: Der Artikel 19 der Bundesacte war seiner Erfüllung nicht näher gekommen; der für diese Erfüllung gegen die preussische Zollreform unternommene Feldzug war verunglückt. In den Berichten jener Tage spiegelt sich das Bewusstsein der erlittenen Niederlage. Ist man doch fest überzeugt, dass es die Niederlage einer guten gerechten vaterländischen Sache sei! Um so begründeter ist der Groll gegen Preussen.

„Am wenigsten tröstlich" schreibt der mitteldeutsche Staatsmann am 6. März, „ist das Resultat der Handelscommission, in welcher tapfer und viel gestritten ist, bis die Kämpfer für die Freiheit ermüdeten und ein ziemlich unbedeutendes Opus hervortrat."[27])

---

[27]) Die „Kämpfer für die Freiheit" waren namentlich Berstett und Berg. Da jedoch Letzterem unser Gewährsmann, wenigstens am 12. März, nachsagte, mit ihm „scheine nicht viel zu

Der zehnte Ausschuss, so beklagt sich am 8. März ein Mitglied desselben, ist „für das Wohl Deutschlands und die Befestigung des Bundes ohne allen Erfolg geblieben." Dies könne ihm, dem Gesandten einiger Kleinstaaten, nicht zum Vorwurf gereichen: „Die Geschichte wird es nicht verschweigen, dass . . . Preussen allein sich jedem bessern Resultate widersetzte; da hier kein Beschluss anders, als durch Einstimmigkeit zu erreichen ist, so war Preussen's Widerstand entscheidend". Am 18. März schrieb der Herzog Ernst von Coburg aus Wien an den Grossherzog Karl August, wie dort so Manches zu wünschen bliebe, „wohin vorzüglich die so sehr comprommittirte Frage der Handelsfreiheit gehört, die sehr erbärmlich hingestellt wurde." Ueber den schuldigen Theil, über Preussen hatte sich aber, in der Vorahnung dieses Ausgangs die Stimme eines Patrioten schon am 19. Februar tief ernst vernehmen lassen: „Das System unsrer Nachbarn führt spät oder früh einen Bruch herbei; Preussen verkennt das, was es gross machen kann; es verscherzt Zutrauen und Neigung der Bundesstaaten und wird es einst bereuen". Eines Patrioten Stimme, wie gesagt: keines Propheten. Indessen, lehrreicher fast, als die in Erfüllung gegangen Weissagungen, sind für den Geschichtschreiber die verfehlten Vorhersagungen. Denn für den irrenden Sterblichen eine wahre Schule ist die Geschichte der Irrthümer.

Nach und nach waren übrigens dem Einen und dem Andern von der Partei, welche den Rückzug angetreten, über Etliches die Augen aufgegangen. Eine nüchterne Auffassung des Artikel 19 der Bundesacte, der bisher so überschwänglich verstanden, von dessen „Erfüllung" so Grosses erwartet war, brach sich allmählich Bahn. Ein norddeutsches Mitglied des zehnten Ausschusses äusserte sich darüber schon in dem Bericht über die Sitzung vom 10. Februar in klar verständiger Weise am 11.; ihm schien es erwünschter, hätte man in der Bundesacte den Gegenstand des Handels und Verkehrs unerwähnt gelassen, „wenn man eine bestimmte Verbindlichkeit desshalb einzugehen nicht für rathsam fand" — und nun fährt er fort: „Der 19. Artikel enthält aber nicht einmal die Ver-

---

machen zu sein"; „er sass im Handelscomité und hat dort die Sache der Freiheit nach dem Urtheil seiner Collegen schlecht vertheidigt", so bleibt als eigentlicher „Freiheitskämpfer", der wohl auch gelegentlich über Collegen aburtheilte, der Freiherr von Berstett.

pflichtung zu einer Berathung, sondern nur einen Vorbehalt und folglich auf keine Weise irgend einen Rechtsgrund, die Vereinigung sämmtlicher Bundesglieder zur Beförderung des deutschen Handels in Anspruch zu nehmen. Hier also behält der politische Egoismus freien Spielraum und man muss von der Zeit, die durch Erfahrung lehren wird, was zum Vortheil der Einzelnen durch die Gesammtheit geschehen kann, das Bessere erwarten. Dass endlich hier den besondern Beschwerden, welche einzelne Bundesstaaten über Handelsbedrückungen von Seiten eines oder des andern Bundesgenossen haben können, durch gemeinsame Verabredungen über Handel und Verkehr nicht abgeholfen werden wird, leuchtet unter diesen Umständen nur zu sehr in die Augen". Nach Beendigung der Ausschussarbeiten, am 7. März, ergeht sich der Gesandte in einer Art retrospektiver Betrachtung: „Andre gingen vielleicht mit ihren wohlgemeinten Planen zu weit, indem sie auf diese Masse einzelner Staaten Grundsätze anwenden wollten, deren Anwendbarkeit einen leitenden Geist, einen entscheidenden Willen, eine ausführende Hand fordert"... Sie erstrebten, „was in einem Staatenvereine nicht denkbar ist und nur im Staats-Vereine der Fall sein kann." „Aber dem Gewerbe und Handel des gemeinsamen Vaterlandes könnten schon die unschätzbarsten Wohlthaten erwiesen werden, durch die Aufopferung politischer Vorurtheile und Anmassungen, hergebrachter Gewohnheiten und Bequemlichkeiten, durch einen offnen und redlichen Willen, gegenseitiges Wohlwollen, ohne irgend ein Opfer wahrer Vortheile." — „So sehr ist es zu bedauern, dass hier bei einem der grössten Bundesstaaten ein entschiedner Widerwille selbst gegen einen Versuch dieser Art, selbst gegen allgemeine Zusicherungen in diesem Sinn, selbst gegen nähere und bestimmtere Anweisungen der Bundesversammlung".... obwaltet. „Es scheint, dass das in der preussischen Monarchie vor Kurzem erst eingeführte Zoll- und Verbrauchsteuersystem einer solchen Vereinigung in diesem Augenblick die grössten Schwierigkeiten entgegengesetzt hat, indem der königlich preussische Bevollmächtigte versichert hat, dass er sich gänzlich ausser Stande befinde, auf Bestimmungen sich einzulassen, die mit demselben irgend in Widerspruch stehen würden —" Graf Bernstorff zeige sich wohl geneigt, „besondre Vereinbarungen zur Erleichterung..." einzugehen. „Da nun aber hier gemeinschaftliche Verabredungen bezweckt wurden", so ist es „einleuchtend, dass man die Hoffnung aufgeben muss". „Gross war sie ohnehin nicht". Das lag schon in dem Bundesbeschluss vom 20. September 1819 [96]) und in der „Fassung des Auftrags an den zehnten Ausschuss". „Die meisten Mitglieder desselben versuchten indess, bestimmtere und wenigstens in einer nicht zu fernen Zukunft mehr zum Ziel führende Vorschriften für die Bundesversammlung in Vorschlag zu bringen, konnten aber deren einstimmige Annahme nicht bewirken. Eine verbindliche Erklärung der Bundesglieder gegen einander existirt nicht ausser der Bestimmung der Congressacte über die Flussschiffahrt; der 19. Artikel der Bundesacte enthält nur einen Vorbehalt einer Berathung." „So musste man sich mit allgemeinen Anträgen begnügen, die im Grunde das nur bestätigen, was ohnehin schon feststeht und was die Bundesversammlung ohne Anweisung zu thun berechtigt gewesen wäre. Nur Eine Bestimmung, im ersten Artikel der Anträge ist es, die nicht aus den Worten der Bundesacte hervorgeht, doch durch den Bundeszweck hinlänglich gerechtfertigt ist;" die Bundesacte in ihrem Artikel 19 beziebt sich nur auf den Handel und Verkehr zwischen den einzelnen Bundesstaaten, während „nach Artikel I auch die Beförderung und Erleichterung des deutschen Handels überhaupt der Bundesversammlung zur Pflicht gemacht werden soll." Endlich bezeichnet der Gesandte den Artikel IV der Anträge (über Flussschiffahrt) als „ungenügend", er sage nur „was sich von selbst versteht": „aber er entzieht der Bundesversammlung nicht das Recht, auf Anrufen eines Betheiligten über jener Bestimmung zu wachen." [97]) Diese Seite der neuen Bestimmung sei „wichtig": denn „sonst treten die Europäischen Garanten ein".

Der Kern dieses Berichts an eine norddeutsche Regierung besteht in der Unumwundenheit, womit eingestanden wird, dass der Artikel 19 der Bundesacte nichts weiter enthalte, als einen Vorbehalt einer gemeinschaftlichen Berathung, keineswegs aber irgend welche bundesrechtliche Norm, auf die man sich berufen dürfte, um die preussische Zollgesetzgebung als bundesrechtswidrig anzutasten. Hiermit war dem Vorgehen gegen Preussen die bisherige Grundlage entzogen.

---

[96]) Der Bundesbeschluss bezeichnete „die Erleichterung des Handels und Verkehrs zwischen den verschiednen Bundesstaaten, um den Artikel 19 der Bundesacte zur möglichsten Ausführung zu bringen", als einen der Punkte, über welche Instructions-Einholung nothwendig sei.

[97]) Da konnte denn der Herzog von Anhalt-Köthen, was später auch geschah, den Bundestag gegen Preussen „anrufen".

Diese Auffassung erscheint vereinzelt. Der Freiherr von Berstett würde nicht zugegeben haben, dass er ihr beipflichtete.[100]) Und doch bildete sie den leitenden Gedanken einer Verhandlung, deren Seele der Badische Minister war. Oder ist es zu verkennen, dass ein Staatsmann, welcher sich eifrig bemüht, einen Sonderbund mehrerer deutscher Staaten zu Stande zu bringen und zwar damit diese Staaten ein einheitliches Handelsgebiet ausmachen, das seine gemeinsamen Zolllinien errichte und seine besondre Handelspolitik verfolge, für dieses noch erst zu gründende Wirthschaftsgebiet dasselbe Ziel verfolgt, welches Preussen auf seinem Staatsgebiet 1818 erreicht hatte? Kann ein solcher Staatsmann in demselben Athemzuge die preussische Zollreform als einen Bruch des Artikel 19 beanstanden? Wenn es in Sachen des Handels und Verkehrs die gemeinschaftliche Berathung sämmtlicher deutscher Regierungen der einzig legale Weg ist, so wird eine Rechtsverletzung wohl nicht nur darin liegen, dass Ein Staat über seine Interessen mit sich zu Rathe geht, sondern ebenmässig darin, dass einige Staaten sich zu einer besondern Berathung vereinigen? Indem der Freiherr von Berstett darauf ausging, für Handel und Verkehr einen Sonderbund zu stiften, verleugnete er thatsächlich die überspannte Theorie von der „Erfüllung des Artikel 19". Gleichwohl fuhr er fort, sich zu ihr nachdrucksvoll zu bekennen. Er und seine Gesinnungsgenossen waren durchaus nicht Willens, eine so scharfe Waffe gegen Preussen aus der Hand zu geben. Im Gegentheil, der Sonderbund sollte dieselbe Waffe führen — er, der nicht anders zu Stande kommen konnte als im Widerspruch mit dieser Auffassung des 19. Artikels.

---

[100]) Allerdings, in dem Votum, welches der Freiherr von Berstett in der ersten Sitzung des Handelsausschusses, am 12. Januar 1820, abgab, ist das Zugeständniss gemacht, der Artikel 19 enthalte „zwar keine weitere Verbindlichkeit als die, auf Anrufen eines der Betheiligten die besagten Berathungen zu beschliessen"; „der Frage selbst ist dadurch in nichts vorgegriffen"; „dieses hat sich bei den Berathungen über den freien Verkehr mit Lebensmitteln zwischen den Bundesstaaten nur zu deutlich ausgewiesen". Aber sofort geht Berstett eben in jenem Votum über die nüchterne Erwägung der unzweideutigen Bestimmung des Artikel 19 hinaus und knüpft an denselben im Zusammenhange mit den Vorgängen seit 1818, seit Karlsbad, seit dem Bundesbeschluss vom 20. September 1819 die weiterreichende Tendenz, die ihre Spitze gegen die preussische Zollgesetzgebung kehrt. „Allein sollte sich Deutschland dermalen noch in der nämlichen Lage wie damals (1815) befinden? Sollte es möglich sein, diesen Gegenstand jetzt aufs Neue am Bundestage zur Sprache zu bringen, ohne irgend einen entsprechenden Beschluss zu fassen?" Hoffnungen seien inzwischen bestärkt worden, „deren Nichterfüllung die gefährlichsten Folgen haben könnte."

Wir sind bisher dem Gange der allgemeinen Verhandlung gefolgt; neben ihr bewegt sich eine zweite — hinter den Kulissen, nicht auf der Bühne: für Viele kein Geheimniss, wenn auch in engerem Kreise geschäftig betrieben. Ihre Anfänge datiren aus den ersten Zeiten der Wiener Conferenzen. Freiherr von Fritsch berichtet am 18. Dezember 1819: „Die Aussicht, für den freien Handel und Wandel in Deutschland viel zu gewinnen, ist leider nicht gross. Preussen hält sein Zollsystem für so wesentlich mit seiner Steuer- und Finanz-Verfassung verflochten, als dass es auf bedeutende Modificationen desselben sich einlassen könne. Man ist auf den äussersten Fall gemeint, eine enge Handelsverbindung zwischen Strassburg, Frankfurt und Leipzig zu schliessen, welche die Staaten Württemberg, Baden, Hessen, Nassau und die Herzoglich Sächsischen Häuser in Uebereinkunft setzt und allenfalls gegen Preussen Retorsions-Massregeln mit Erfolg anwenden liess." Der Freiherr glaubt zwar ermächtigt zu sein, nach den früher mit Kassel, Gotha und Reuss genommenen Verabredungen auf eine solche Uebereinkunft einzugehen, bittet aber, wenn er hierunter irren sollte, um baldige Zurechtweisung. Es erfolgte darauf die Antwort des Grossherzog Karl August, Weimar den 21. Januar: „Aeussersten Falls ist Unser Bevollmächtigter autorisirt, der Vereinigung mehrerer Deutscher Staaten beizutreten, deren in dem Schreiben vom 18. Dezember v. J. Erwähnung geschehen." Die Idee eines besondern Vereins zwischen den gleichgesinnten mittleren Staaten zu Aufhebung aller den innern Verkehr hemmenden Zölle, Stapelgerechtigkeiten und zu sonstigen Einrichtungen ist von Hessen-Darmstadt ausgegangen; das bezeugt ein Gesandtschaftsbericht aus Wien vom 20. Mai 1820. Diese bestimmten Zwecke bilden aber nur eine Modalität des allgemeineren Plans, eine Mehrheit deutscher Staaten zu einem Separat-Verein zu verbinden. Die Initiative desselben hat Baden ergriffen: der Freiherr von Berstett war es, welcher einige Gesandte erst mündlich ausforschte, ob ihre Committenten „zu einer particularen Verbindung sich entschliessen könnten, falls eine allgemeine Uebereinkunft nicht zu erwirken wäre. Er gewann vor Allem Nassau: der leidenschaftliche Feind des preussischen Systems, Freiherr von Marschall, war der Erste, der sich anschloss. Früh war auch Hessen-Darmstadt auf seiner Seite. Der Freiherr von Fritsch wies das Anerbieten „nicht von der Hand", sobald Kurhessen dabei sein wollte; und „Kurhessen", so hiess es, „tritt bei".

Minister von Berstett versicherte, „dass Fürst Metternich sowohl als Graf Bernstorff einer solchen Association nicht entgegen seien." Nun trat Baden mit förmlichen Anträgen hervor. Am Tage nach der ersten Sitzung des Handelsausschusses geschah dies: am 13. Januar 1820 erliess Berstett seine Note an den Freiherrn von Fritsch; sie sandte Graf Bernstorff mit seinem Bericht vom 29. Januar — doch erst am 29. Januar [101]) — nach Berlin. „Wenn", sagt die Badische Note, „einige der Bundesstaaten, indem sie ihren particularen Standpunkt statt den des Bundes ins Auge fassen, vermeinen, dass sie den Erfolg.... mit ziemlicher Gleichgültigkeit abwarten können, so gilt dies keineswegs von den mehr rückwärts liegenden Binnenländern, die durch ihre Lage zur Ergreifung eines gemeinschaftlichen Handelssystems gezwungen sind, sofern sie [102]) der völligen Verarmung ihrer Unterthanen vorbeugen wollen". Pflicht sei es für sie, „auch den Fall des Scheiterns oder nicht ausreichenden Erfolgs zu bedenken". Hauptzweck bleibe die „Vereinigung des ganzen Bundes zu Einem Handelssystem." Werde er verfehlt, so biete „wenigstens Vereinigung mehrerer oder vieler Bundesstaaten zu einem Handelstractat" erreichbare geringere, aber nicht unbedeutende Vortheile". „Beide Wege" müssten „zu gleicher Zeit und hier in Wien" betreten werden. „Beide können mit gleicher Stetigkeit und Festigkeit verfolgt werden, ohne dass sie sich jemals durchkreuzen." „Schwer möchte es dagegen zu vertheidigen sein, diesen günstigen Augenblick ungenutzt verstreichen zu lassen." „Seine Königliche Hoheit der Grossherzog von Baden würden es wenigstens Sich nicht zu vergeben wissen, wenn Sie nicht Alles angewandt hätten, um den gerechten Wünschen Höchstihrer Unterthanen in dieser Beziehung zu entsprechen." Als Anlage theilte Baron Berstett eine „vorläufige Punctation" mit „zu baldmöglichster Schliessung eines Handelstractats", von welcher er bemerkte, dass der Nassauische Bevollmächtigte mit ihr „bereits vollkommen einverstanden ist": „Andre haben bereitwillig Unterstützung zugesagt". Diese „Anderen" waren strenge genommen keine Anderen,

---

[101]) In seinen Berichten vom 16. und vom 21. Januar, worin der Handelssache Erwähnung geschieht, weiss Graf Bernstorff noch nichts von den Separatverhandlungen zu sagen. Dass der preussische Minister bereits die Anträge Berstetts gekannt haben sollte, als er den Bericht vom 16. schrieb, ist undenkbar. — Gleichwohl gab Baron Berstett vor dem 17. die Versicherung, dass Fürsten Metternich wie dem Grafen Bernstorff „die Anträge öfter vorgelegt" zu haben; Beide seien einer solchen Association nicht entgegen.
[102]) „wenn sie anders" u. s. w.

als der Grossherzoglich Hessische Minister Freiherr Du Thil. Der Punctation schickte Berstett noch „gewisse Sätze" voraus, „die bis zur höchsten Evidenz gebracht worden:" „1) Hemmungen des Verkehrs unter den Bewohnern verschiedner Länder durch Zollanstalten wirken in eben dem Verhältniss nachtheiliger, in welchem sich solche Zollanstalten vervielfältigen und kleinere Gebietstheile umfassen. 2) Der reine Ertrag, den solche Zollanstalten den Staatscassen liefern, ist bedeutend geringer, als die Totalsumme des in Folge dieser Anstalten verminderten Ertrags der Handelsprodukte für den Producenten und des erhöhten Preises der Consumtionsgegenstände für den Consumenten innerhalb der Staatsgrenzen. 3) Die Aufhebung der kostspieligen Grenzzölle und Surrogirung des dadurch entstehenden Ausfalls in den Staatseinnahmen durch andre Besteuerungsarten wirkt gleich einer Minderung der Staatsabgaben auf die Totalität der Bewohner jedes Landes, hat also eine wirkliche Minderung der Staatsabgaben zur nothwendigen Folge ohne Minderung der Staatseinnahmen." Die „vorläufige Punctation" selbst lautete: „I. Alle Grenz- und Binnenzölle werden innerhalb der wechselseitigen Grenzen der pacisirenden Staaten aufgehoben, von einem festzusetzenden Zeitpunkt an. II. In Ansehung der Wasserzölle und Octroygebühren verbleibt es bei den Bestimmungen der Wiener Congressacte. III. Den pacisirenden Staaten bleibt es frei, ihre Grenzzölle sowohl gegen die nicht in dem deutschen Bunde begriffnen Staaten, als gegen die nicht beitretenden Bundesstaaten nach eignem freien Ermessen zu reguliren.[102]) IV. In diesen Verein sollen alle angrenzenden Bundesstaaten,

---

[102]) G. Fischer a. O., S. 349 sagt: „Es zeugt für die tiefere Einsicht der badenschen Regierung, dass sie sich entschieden weigerte, auf einer solchen Grundlage zu unterhandeln". Aus obigem ergibt sich, dass diese Grundlage vielmehr Artikel III der vorläufigen Punctation war, welche der Badische Minister „zu baldmöglichster Schliessung eines Handelstractats" in Vorschlag brachte. — Zu berichtigen ist auch die Darstellung dieser Hergänge in der sonst schätzbaren Arbeit über Karl Friedrich Nebenius in „Unsre Zeit" Band VIII von Dr. J. Beck. Vgl. S. 55. Danach soll, was gar nicht erst widerlegt zu werden braucht, die Vertheilung lithographirter Abschriften der Denkschrift von Nebenius auf den Wiener Conferenzen „die Wirkung" gehabt haben, „dass im Schosse des Congresses eine Commission zur Begutachtung der Sache niedergesetzt wurde"! Eine Kenntnis der Protokolle wäre zu wünschen gewesen. Dann aber: „die Berathungen derselben (Commission) blieben resultatlos; der badische Vorschlag für eine commercielle Einigung Deutschlands fand wenig Anklang; man hielt die Sache nicht für ausführbar." Der Badische Minister selbst hielt sie nicht für ausführbar; das sprach er in seinem ersten Votum im Ausschuss am 12. Januar 1820 aus. Ferner: „und wollte die Handels- und Zollangelegenheit, wie so oft in Deutsch-

welche sich zum Beitritt bereit erklären, aufgenommen werden. V. Alle im Innern der paciscirenden Staaten erforderlichen Anstalten zur Erhebung und Sicherung ihrer Coosumtionssteuern bleiben durch dieses Uebereinkommen unberührt. VI. Nähere in Folge dieser Uebereinkunft nöthigen Verabredungen sollen" u. s. w. — Der Freiherr von Fritsch antwortete bereits am 10. Januar. Es ist weniger eine Antwort, als eine „Vorantwort", wie er sie am 17. selbst nannte; er will Instructionen einholen und bezeichnet die Zustimmung seiner Höfe „in der Hauptsache als wahrscheinlich": er zweifelt keineswegs „dass man keinen Anstand finden werde, dieselben (Punctationen) anzunehmen, vorausgesetzt, dass die zwischen den Sächsischen und Grossherzoglich Badischen Ländern gelegnen Hessischen Häuser ihren Beitritt nicht weigern".[104]) Aber Fritsch verhehlte dabei nicht seine eignen lebhaften Sympathien: „Unter allen zur Berathung der gegenwärtigen Ministerialconferenzen ausgesetzten Gegenständen ist vielleicht die Erleichterung des Handels und Verkehrs der einzige, auf den die deutsche Nation ihre Aufmerksamkeit mit gleichem Interesse richtet. Seit der Constituirung der Bundesversammlung hat sich die Stimme der Nation unausgesetzt über diesen Gegenstand vernehmen lassen und man darf es sich nicht bergen, dass die bisherige Verzögerung als eine der Hauptquellen der Missverständnisse und der Unzufriedenheit zu betrachten ist. Wie gegründet die desfallsigen Hoffnungen der Unterthanen erscheinen, wie sehr der Wohlstand derselben durch die bestehenden Handelsbeschränkungen [105]) untergraben, wie

---

land, wo ein leidiger Dualismus der Auffassung, der Neigung und Abneigung, des wirklichen oder scheinbaren Particularinteresses den höhern gemeinsamen Interessen Aller hinderad in den Weg tritt, den Separatverhandlungen der einzelnen Regierungen untereinander überlassen": Baden war es, das zu solchen „Separatverhandlungen" mittelst Note vom 13. Januar 1820 die Initiative ergriff. — Endlich erinnere ich an die Denkschrift Marschall's vom 8. Januar; es vertrug sich mit dem Fenereifer gegen das Rechtswidrige der preussischen Zölle an der Grenze deutscher Bruderstaaten, dass der Nassauische Minister mit obigem Artikel III der Punctation „vollkommen einverstanden" war; man traut kaum seinen Augen.

104) Diese Clausel zeigt deutlich, dass der Antrag nicht von Hessen-Darmstadt ausging. Vgl. G. Fischer, a. O., S. 348: „Hessen-Darmstadt forderte zunächst Baden und Nassau auf, sich über die Regulirung gemeinschaftlicher Handelsverhältnisse zu verständigen. Es trat mit einem Project hervor, das nur deshalb zu erwähnen ist, weil es beweist, wie wenig damals intelligente Regierungen die wesentlichen Erfordernisse eines Zollvereins begriffen hatten". Der Antrag ging von Baden aus.

105) Anspielung auf die preussischen Zollschranken! Aber werden diese „bestehenden Handelsbeschränkungen" vermehrt oder vermindert werden durch den Separatverein? Auch er errichtet

immer mehr der Immoralität der Weg gebahnt, den Gesetzen das Ansehen entzogen wird, bedarf keiner weiteren Ausführung, da es oft schon wiederholt worden ist. Sollte gegenwärtig dieser Gegenstand, nachdem er feierlich als Berathungsobjekt angekündigt worden ist, wieder unberücksichtigt bleiben, sollten diese so oft und schön ausgesprochnen Grundsätze über Nationalität, Nationalband nicht auch rücksichtlich dieses Punktes in Anwendung kommen und ins Leben treten, so steht zu befürchten, dass alle weise, zur Wiederherstellung der Ruhe ergriffne Massregeln[104]) nur zu Palliativen werden, dass die Bewegungen und Umtriebe, die bis jetzt nur der denkende Theil des Volkes erregte, durch die Theilnahme des bedrängten arbeitenden Theiles wiederholt werden, was um so besorglicher werden müsste, wenn einer Verletzung der Rechte eine zu grosse Bedrückung wirklich dabei zum Vorwand dienen könnte. Es ist daher in politischer und moralischer Hinsicht gewiss dringende Nothwendigkeit, der Erfüllung des 19. Artikels der Bundesacte seine volle Aufmerksamkeit zu widmen, zugleich aber auch dringende Pflicht eines jeden Einzelnen, das Interesse seines Landes zu wahren[101]) und auf den ungünstigsten Fall selbst bedacht zu sein, wenn eine allgemeine Vereinigung darüber nicht zu Stande kommen sollte. In diesem Betracht kann der unterzeichnete , . . . die mitgetheilten Ansichten und Vorarbeiten des Grossherzoglich Badischen dirigirenden Staatsministers . . . . nur mit dem aufrichtigsten Dank anerkennen" u. s. w.

Am 23. Januar berichtet Fritsch: „Inzwischen sucht die von Baden, Darmstadt und Nassau in Antrag gebrachte Association mehrerer Bundesstaaten, welcher unter Voraussetzung des Beitritts von Kurhessen auch meine höchsten Committenten beizutreten geneigt sein dürften, die öffentliche Meinung zu gewinnen und durch vereintes Streben dem gehofften Ziele näher zu kommen. Meiner Instruction zufolge glaube ich auf diese Anträge mitstimmen zu sollen, zeige

---

seine Zolllinien. Indessen, es fallen dann die zwischen den verbündeten Staaten bisher vorhandnen. Hob aber nicht auch die preussische Gesetzgebung von 1818 eine grosse Zahl von Zollschranken auf, durch welche Deutsche von Deutschen getrennt gewesen? So unbefangen das Urtheil heute sein darf, so befangen war es damals.

[104]) Der Minister Karl August's redet von den „weisen" Karlsbader Beschlüssen. Indessen, er spricht die Sprache dessen, an den er sich wendet. Eine derartige Accommodation ist nicht nur im Staatsleben häufig, sondern auch im Privatleben keine Seltenheit.

[107]) Was Preussen 1818 gethan, das war aber sein Verbrechen in den Augen Derer, welche „der Erfüllung des 19. Artikel der Bundesacte" ihre volle Aufmerksamkeit widmeten.

jedoch ehrerbietigst an, dass Sachsen und Württemberg mit Ihren Erklärungen äusserst zurückhaltend und vorsichtig sind."

Von hohem Interesse ist Graf Bernstorff's Bericht an König Friedrich Wilhelm über die Anfänge dieses Sonderbundes; der preussische Minister schreibt am 29. Januar: „Gleichzeitig mit diesen Erörterungen [108]) ist die unter diesen Umständen sonderbare [109]) Erscheinung des Versuchs eingetreten, die Staaten des südwestlichen und mittleren Deutschland über ein gemeinschaftliches Handels- und Zollsystem zu vereinigen. Eure Königliche Majestät werden aus dem beikommenden, von dem Badischen Minister von Berstett ausgegangnen Antrage zu ersehen geruhen, auf welche Ansichten dieser Versuch gegründet ist. Insofern dabei wirklich nur das Prinzip einer dem Interesse dieser Staaten gemässen Ausgleichung und Verabredung zum Grunde liegt, dürfte gewiss nichts dagegen einzuwenden sein. Allein es ist wohl kaum zu bezweifeln, dass sich zu dieser Absicht hin und wieder auch die Idee einer Retorsion gegen das preussische Zollsystem geselle.[110]) Auch möchte ein solcher Verein insofern Aufmerksamkeit verdienen, als, wenn derselbe auch wirklich in seinem Ursprung nur auf staatswirthschaftliche Gegenstände beschränkt wäre, sich doch in der Folge leicht auch politische Zwecke damit würden verbinden lassen. Es kommt mir inzwischen noch mehr als wahrscheinlich vor, dass dieselben Schwierigkeiten, welche die Urheber dieses letzten Vorschlags schon in Hinsicht eines allgemeinen deutschen Handelssystems verkennen und bestreiten, ebenfalls nicht werden gestatten können, dass dieser nach beschränkterem Maasstabe zu machende Versuch zu vollständiger Ausführung komme oder dauernden Bestand gewinne."

Montag den 31. Januar wurde Freiherr v. Fritsch „zu Minister Berstett eingeladen, um mit ihm, Du Thil und Marschall wegen des freien Verkehrs zu sprechen." In den ersten Tagen des Februar schritten die Verhandlungen

---

[108]) Im Handelsausschuss. S. oben den Bericht Bernstorff's vom 29. Januar über die Arbeiten desselben.

[109]) „Unter diesen Umständen sonderbar" d. h. dieselben Staatsmänner, welche gegen die preussische Zollreform eben den Artikel 19 anriefen, machten Miene, zu versuchen was Preussen vollführt — obendin nicht für ein vorhandnes Staatsgebiet, sondern für einen künstlich noch erst zu schaffenden Bereich gemeinsamer Interessen.

[110]) Wie richtig diese Vermuthung des Grafen Bernstorff war, das ersieht man aus dem ersten Lebenszeichen der Separatverhandlung, dem oben S. 65 mitgetheilten Bericht des Freiherrn von Fritsch vom 18. Dezember 1819.

über die besondere Vereinigung mehrerer Bundesstaaten zur Festsetzung der Handelsfreiheit untereinander weiter vor. „Bayern nimmt lebhaften Antheil daran und es steht zu hoffen, dass, wenn das Grössere — die Vollziehung des 19. Artikels der Bundesacte — nicht für diesmal ganz durchgeführt werden kann, doch wenigstens ein Theil von Deutschland nach dem Sinn jenes Artikels sich einigt".[111]) Am Morgen des 9. Februar fand eine Zusammenkunft statt, welche die Sache zu einem vorläufigen Abschluss brachte. „Diesen Morgen", berichtet Fritsch am 9., „haben Baden, Grossherzogthum Hessen, Grossherzoglich und Herzoglich Sächsische Häuser, und Nassau einen Vertrag besprochen und über sämmtliche Artikel sich geeinigt; Bayern und Kurhessen waren gegenwärtig und erstres tritt wegen dem Rheinkreis pure, wegen dem übrigen Königreich wahrscheinlich bei". Die von Baden beantragte Convention war von Minister von Marschall „zuerst redigirt" und wurde dann von Baron Du Thil und Freiherrn von Fritsch „durchgesehen".[112]) Sie wurde in der Morgenconferenz am 5. „nochmals verlesen und die endliche Fassung verabredet". Nach Artikel 6 dieser Uebereinkunft sollen alle weiteren Verabredungen durch Commissarien festgesetzt werden, die sich innerhalb zweier Monate nach dem Schluss der Wiener Conferenzen in Darmstadt zu versammeln haben. Bayern, so wird vom Tage darauf berichtet, erklärte vertraulich die Geneigtheit, dem Verein sich anzuschliessen, sobald die dadurch nothwendigen Abänderungen des Finanzgesetzes bearbeitet und den Ständen vorgelegt werden könnten; für den Rheinkreis, wo keine Mauth existirt, äusserte Baron Zentner, dass zweifelsohne Bayern sogleich sich anschliessen und die Conferenzen mitbeschicken werde. Obwohl der Kurhessische Gesandte „noch nicht mit Instruction versehen war, so wurde er doch zu der Zusammenkunft eingeladen und er äusserte die Hoffnung, dass sein gnädigster Herr beitreten werde, zumal wenn ein gemeinschaftliches Mauthsystem gegen das Ausland und die nicht im Verband stehenden Staaten,[113]) was bei dieser

---

111) Dass war es sicher auch „nach dem Sinn" des Artikel 19, als Preussen sich in handelspolitischer Hinsicht innerlich „einigte"; das war ja die Bedeutung des Gesetzes vom 26. Mai 1819.

112) Vielleicht geschah dies schon an dem Montagabend bei Berstett, am 31. Jänner.

113) Besonders gegen Preussen. Denn Kurhessen war auf eigne Faust mit Retorsionsmassregeln gegen das Gesetz von 1818 vorgegangen, nämlich mit dem Gesetze vom 17. September 1819, und darauf in einige Verlegenheit gerathen, da es nicht vorwärts nicht rückwärts zu schreiten wusste. Vgl. die letzten Erörterungen dieser Schrift.

Gelegenheit zur Sprache kam, verabredet werde. Es sollte bald klar werden, wie der Gesandte sich über seinen Kurfürsten getäuscht hatte. — Am 8. Februar, den Tag vor dem Abschluss, hatte Berstett die Sache dem Fürsten Metternich vorgetragen: Fritsch wusste von Berstett, „dass sie gebilligt und im Geiste der Bundesacte als correct erfunden worden ist": „Bernstorff wird vielleicht weniger damit zufrieden sein".[114]) Fürst Metternich äusserte sich gegen Berstett u. A. „darüber beifällig", „dass man Darmstadt zum Ort der Conferenz erwählt hat, um die Gesandten am Bundestag allenfalls zu der Beschickung gebrauchen zu können und jedoch zu vermeiden, dass nicht in Frankfurt selbst entgegengearbeitet wird". Bei diesem „Beifall" Metternichs darf nur nicht vergessen werden, dass diese und andre Teufeleien der Zeit angehören, in welcher das Einverständniss zwischen Preussen und Oesterreich das allerherzlichste war. — Baron Fritsch erinnerte daran, „dass die fürstlichen Häuser Schwarzburg und Reuss früher schon mit Weimar und Gotha wegen gemeinschaftlicher Massregeln correspondirt hatten und also in dem Verband, wenn sie beitreten wollten, sogleich aufgenommen werden könnten."

Der Entwurf eines „Handelsvertrages", über den jene vier Minister — Berstett, Du Thil, Fritsch und Marschall — am 9. Februar 1820 übereingekommen, enthält nachstehende elf Artikel: „Artikel 1. In der kürzest möglichen Zeitfrist und in keinem Falle später als vor Ablauf eines Jahres von dem Zeitpunkt der Unterzeichnung gegenwärtiger Uebereinkunft an gerechnet, sollen alle Grenz- und Binnenzölle aufgegeben werden. Ebenso treten in derselben Zeitfrist innerhalb der Grenzen der paciscirenden Staaten und zum Vortheil der wechselseitigen Unterthanen alle Verordnungen ausser Kraft, welche festsetzen, dass zu Lande versendet werdende Waaren zwangsweise umgeladen oder Waag- oder Speditions-Abgaben oder Gebühren unterworfen werden. Artikel 2. In Ansehung der Wasserzölle und Octroy-Gebühren auf schiffbaren Strömen und Flüssen verbleibt es bei den Bestimmungen der Congressacte. Da aber die Vollziehung der Congressbeschlüsse über Flussschifffahrt Anstände verschiedener Natur gefunden hat, so vereinigen sich die hohen Paciscenten dahin, die Erledigung derselben soviel es von ihnen abhängt durch die ihnen zu Gebote stehenden Mittel gemeinschaftlich zu befördern. Artikel 3. Den hohen Pacis-

---

[114]) Vgl. Bernstorff's Bericht vom 20. Januar

centen bleibt „es überlassen, ihre Grenzzölle sowohl gegen die nicht in dem deutschen Bunde begriffenen Staaten, als diejenigen Bundesstaaten, die an gegenwärtiger Uebereinkunft keinen Theil nehmen nach eigenem freien Ermessen anzuordnen. Sie verbinden sich jedoch, bei der Anordnung ihrer Grenzzölle die Produkte anderer in der gegenwärtigen Uebereinkunft begriffnen Staaten dem Ausfuhrzoll nicht zu unterwerfen, so wie auch diejenigen Produkte, welche ein andrer dieser Staaten zur Consumtion seiner Bewohner aus dem Auslande bezieht, von der Entrichtung des Einfuhrzolles frei zu erklären. Die Art der Vollziehung dieser Bestimmung und die Ausfertigung der Ursprungs- und Verbrauchs-Bescheinigungen bleibt weiterer aus den Lokal-Verhältnissen hervorgehender Uebereinkunft vorbehalten, wobei die möglichste Verhinderung des Unterschleifs, die Gleichstellung der wechselseitigen Unterthanen und die thunliche Berücksichtigung der Bedürfnisse der paciscirenden Staaten zu Hauptgesichtspunkten dienen werden. Artikel 4. In Folge dessen werden die hohen Paciscenten sich gleichfalls über die Massregeln wechselseitig benehmen, welche zum gemeinschaftlichen Schutz des Handels und Verkehrs ihrer Unterthanen gegen das Ausland und die nicht beitretenden Bundesstaaten etwa nothwendig und nützlich erscheinen. Artikel 5. Gegenwärtige Uebereinkunft findet keine Anwendung auf die Massregeln und Anstalten, welche zur Sicherung der Erhebung der Verbrauchssteuern zu Staats- und Municipalzwecken in den paciscirenden Staaten bestehen oder künftig angeordnet werden; jedoch mit der nähern Bestimmung, dass solche Steuern nicht in der Form eines Grenz- oder Transitzolles erhoben werden und dass der Grundsatz feststehe, dass in den Verbrauchssteuersätzen die Landesprodukte der übrigen paciscirenden Staaten den eignen gleich gesetzt und behandelt werden müssen. In Fällen, wo zur Sicherung der Erhebung der Consumtionssteuer einzelne Verbrauchsgegenstände dem ausschliesslichen Debit für Rechnung der Staatscassen unterworfen sind, soll dafür gesorgt werden, dass dadurch der Transit solcher Waarengattungen aus dem oder in das Gebiet eines der paciscirenden Staaten nicht verhindert oder erschwert werde, sondern vielmehr unter den nöthigen Vorsichtsmassregeln frei bleibe. Artikel 6. Alle nähern in Folge und zu Vollstreckung dieser Uebereinkunft nöthige weitern Verabredungen sollen durch Commissarien der paciscirenden Staaten (getroffen) festgesetzt werden, welche sich innerhalb 2 Monaten nach dem Schluss der gegenwärtig hier statthabenden Ministerial-Conferenzen in Darmstadt zu versammeln haben.

Artikel 7. Die hohen Paciscenten vereinigen sich, gegenwärtige Uebereinkunft auf sämmtliche angränzende Bundesstaaten auszudehnen, welche sich zum Beitritt in allen Punkten und Artikeln bereit erklären. In Bezug auf die Grossherzoglich und Herzoglich Sächsischen Staaten tritt diese von dem Zeitpunkt an in volle Wirksamkeit, wo die übrigen paciscirenden Staaten durch den Beitritt der dazwischen liegenden, mit den jenseitigen Gebietstheilen in unmittelbare Berührung kommen werden. Artikel 8. Mit denjenigen Bundesstaaten, welche nur unter Einschränkungen, oder unter Grundsätzen und Bestimmungen, die von den hier aufgestellten oder künftig aufzustellenden in wesentlichen Punkten abweichen, der gegenwärtigen Uebereinkunft beizutreten Willens sind, sollen in allen den Fällen, wo dieses erforderlich scheinen wird, besondere Handelsverträge gemeinschaftlich abgeschlossen werden. Artikel 9. Eben so behalten sich die hohen Paciscenten vor, mit fremden Staaten erforderlichen Falls Handelsverträge abzuschliessen, welche in ihren einzelnen Bestimmungen demjenigen nicht entgegenstehen werden, was in Folge der Vollziehung des 19. Artikels der Bundesacte durch Bundesbeschlüsse festgesetzt werden wird. Artikel 10. Die hohen Paciscenten versprechen, die gegenwärtige Uebereinkunft in allen ihren Artikeln fest und getreulich zu beobachten und so lange aufrecht zu erhalten, als nicht ihre Anwendung durch allgemeine Bundesbeschlüsse überflüssig gemacht werden wird. Artikel 11. Die Ratificationen der gegenwärtigen Uebereinkunft sollen innerhalb 4 Wochen ausgewechselt werden."

Der Frische des ersten Anlaufs entsprach aber keineswegs der Fortgang. Bald nach dem 9. Februar trat eine Stockung ein. Dem Unternehmen begegnete nicht überall eine günstige Auffassung. „Längst schon haben", schreibt ein Gesandter am 11. März, „eine oder zwei Stimmen von Conferenzmitgliedern sich verlauten lassen, dass dieser Gegenstand (die Handelssache) geeignet sei, manchen Tadel auszugleichen, der die hiesigen Arbeiten in andern Theilen treffen möchte; ja dass sie sich öffentlich und zum Protokoll freisprechen wollten von dem Mangel alles Erfolgs in Beziehung auf einen so ganz volksthümlichen Zweig des hiesigen Geschäftes. Deshalb ward denn auch mit Eifer, wohl gar mit einiger Uebereilung, ohne Beirath von Sachkundigen, auf Privatverträge wegen Ein-, Aus- und Durchfuhr hingearbeitet." Als Fürst Metternich am Schluss der Plenarsitzung sich in orakelhafter weihevoller Zweideutigkeit über die Arbeit des zehnten Ausschusses vernehmen liess, schien es fast, „als blickte die Absicht des Fürsten hindurch, solchem doch wohl vergeblichem Streben nach Popularität entgegenzuwirken." Diejenigen, denen es „fast so schien", ahnten freilich nicht, wie beifällig der Fürst den Sonderbundsbestrebungen zugelächelt hatte. Die Rücksicht auf Popularität war auch den Bessern nicht fremd: schien es einem der Theilnehmer „nothwendig, alle Mittel zu versuchen, um für den freien Handel grössern Spielraum zu gewinnen — und die vereinte Kraft wirkt um so gewisser", — so schien es demselben doch ebenso „rathsam, den deutschen Gewerbsleuten und überhaupt ganz Deutschland zu zeigen, dass man von Seiten der kleinen Staaten alles Mögliche für den freien Handel gethan hat". Es kamen aber, wie Graf Bernstorff vorhergesagt, Schwierigkeiten auf Schwierigkeiten; der Plan musste „modificirt" werden, wenn man ihn nicht völlig aufgeben wollte. „Die Verhandlungen zur Abschliessung eines besondern Vereins haben inzwischen geruht", so meldet ein Bericht vom 19. März. Ein schlechter Trost war es, dass zu derselben Zeit auch die allgemeine Verhandlung, deren Darstellung hier unterbrochen worden, um die Entwicklung der Anfänge des Sonderbundes einzuschalten, keinen Schritt vorwärts gethan hatte.

In der Conferenz vom 4. März war die Handelssache zum Vortrag gekommen. Die folgende Plenarsitzung fand am 8. statt. Aber die Sache blieb darin „unerörtert", „weil der Fürst darauf nicht vorbereitet war; doch sprach er (am Schluss der Sitzung) im Allgemeinen über die Schwierigkeit der Sache und über die Rücksichten, welche die öffentliche Meinung veranlassen könnte." „Was er sagte, schien in der That merkwürdig". Ich erwähnte schon, dass seine Aeusserung auf die Separatverhandlung bezogen wurde: wahrscheinlich mit Unrecht; er sprach nur gut österreichisch, d. h. er lavirte. „Jetzt schreien gar viele Menschen", so sprach er beweglich, „über Alles, was von Seiten der Regierungen geschehe, theils aus bösen Absichten, theils aus Unwissenheit. Die Sachkundigen und die braven verständigen Leute vertrauten den Regierungen. In der That sei auch nichts natürlicher, als dass jede Regierung aus allen Kräften dahin strebe, das wahre Beste des Landes soviel immer möglich zu befördern. Daher sei es denn auch die Maxime des Fürsten, sich in der Sache selbst um jenes Schreien nicht zu bekümmern. Allein Manches scheine wünschenswerth und zeige sich anders bei näherer Beleuchtung; Manches sei wirklich von wahrem und grossem Werthe, aber es stellten sich solche Hindernisse entgegen, dass die

Ausführung entweder überhaupt oder doch für jetzt ganz unmöglich sei. In solchen Fällen müsse man darauf Bedacht nehmen, das Publikum aufzuklären, damit es nicht das Ansehen gewinne, als sei jenes Geschrei mit Recht erhoben." „Nach einer kurzen Anwendung dieser Gedanken auf den Handel und Verkehr behielt der Fürst sich das Weitere — einen besondern Antrag — vor."

Er hat dann die Berathung „etwas hinausgesetzt, um selbst über diese wichtige und verwickelte Materie noch die eignen Ansichten zu ordnen und zu überlegen, was zu thun sei." Man gab ihm darin nicht Unrecht. „Ein Aufschub der Discussion", meinte am 10. März der mitteldeutsche Staatsmann, „ist gewiss schon darum von Nutzen, weil jeder Abgeordnete Zeit gewinnt, die Abstimmung vorzubereiten und mit den Gleichgesinnten zu besprechen." Diese Besprechungen der Gleichgesinnten führten aber zu bedenklichen Entschlüssen. Schon in der Sitzung vom 4. März hatte Herr von Marschall darauf angetragen, „dass man gar keine Sätze aufstellen, sondern rund heraus erklären möchte, man habe sich nicht vereinigen können"; die Sache blieb jedoch unerörtert. Nun verbanden sich die Gleichgesinnten, gegen die „Annahme und Bekanntwerdung" der Vorschläge des Ausschusses förmlich zu protestiren. „Der Vortrag über den Handel missfiel allgemein." Fürst Metternich, so hiess es, suchte „einen Ausweg, um vorzubeugen, dass die Anträge nicht als ganz ungenügend verworfen würden, wozu mehrere Gesandte ihre Stimmen zu vereinigen gesonnen waren, da sie es als ganz unpassend ansahen, ohne irgend einen leitenden Grundsatz die Sache an den Bundestag zurückzuweisen, die man auf die Conferenzen gezogen, weil am Bundestag sie nicht die gehoffte Erledigung gefunden." Die Debatten „über die Handelsfreiheit" im Plenum versprachen „sehr lebhafte Scenen." Man rüstete sich dazu, wie zur Schlacht: „In der Handelsangelegenheit werden starke Vota vorbereitet." Aus diesem Grunde suchte Metternich die Discussion möglichst aufzuhalten.

Man versicherte mittlerweile, dass der nach Wien berufne österreichische Consul in Leipzig, Regierungsrath Adam Müller, an einem Aufsatz arbeite, wie auch bereits erwähnt worden, und dass derselbe „in dieser verwickelten und unangenehmen Sache" den gewünschten „Ausweg" bahnen werde. Am 18. März heisst es dann, Adam Müller habe dem Fürsten eine Arbeit zugestellt, „welche sehr gelobt wird." Der Fürst soll „darüber das Gutachten der hiesigen Behörde" verlangt haben, „von dessen Eingang vielleicht die Beförderung dieses

.... Gegenstandes abhängen mag." Es ist wohl das Gutachten des Präsidenten der Commerz-Hofcommission Herrn von Stahl gemeint. Graf Münster, der Hannoverische Minister, war „mit dem Vorsatz ernstlich beschäftigt, etwas Besseres und allgemein Anwendbares in Vorschlag zu bringen." Er war bereits von seinem Hofe abberufen, wurde jedoch durch widrige Witterung noch in Wien zurückgehalten. Vielleicht zum Segen des Ganzen! Gute Leute sprechen die Hoffnung aus: der Vorschlag, mit dem er umgeht, wird „von seiner deutschen Gesinnung, seinem Vaterlandssinn und Kraft den Beweis ablegen." Was mag er nur im Sinn haben? Es ist nichts Andres, als das alte bekannte Ideal — nur wieder ohne den praktischen Nachweis einer Art der Verwirklichung. „Er ist geneigt, auf ein gemeinschaftliches Handelssystem gegen das Ausland anzutragen, auf Freiheit im Innern." Wie herrlich! Das hatte aber bereits Nebenius einleuchtend genug in seiner Denkschrift ausgeführt; nur eine Kleinigkeit fehlte: das Wie der Realisirung.

Ein Paar Wochen verstrichen ganz ohne Plenarversammlung. Denn Metternich erwartet das Gutachten in der Handelssache. Vielleicht wünscht er auch die Conferenz zu verlängern, um zu wissen, welche Massregeln in Betreff Spaniens oder Frankreichs nöthig sein dürften; denn es ist der Monat März 1820, der sich zu Ende neigt: man raunt sich ins Ohr, die Zusammenziehung einer Observations-Armee scheine unvermeidlich, und der aus Paris zurückgekehrte Graf Schönfeld schildert die Aufregung der Gemüther als höchst bedenklich.

In dieser Taktpause der Verhandlungen liess die Deputation des antipiratischen Vereins zu Hamburg „durch einen gewissen Weinert an das Präsidium des Ministerial-Congresses hierselbst eine Denkschrift überreichen und sonst im Druck vertheilen", welche „auf Einheit in den Massregeln der Handelspolitik, Einführung einer allgemeinen deutschen Flagge und Ausführung des gegen die Barbaresken gefassten Beschlusses" gerichtet war. [113]) Die früher dem Vertreter der freien Städte „an-

---

[113]) Die Denkschrift der „Deputation des antipiratischen Vereins" d. d. Hamburg den 11. Januar 1820 ist lesenswerth und hat für Hamburger ein besondres Interesse. Ihr Inhalt liegt strenggenommen ausserhalb des Bereichs dieser Abhandlung; überdies verwehrte der Umfang die Wiedergabe. Unterzeichnet war sie von: „Berend Roosen, Sal. Sohn; Joh. Pet. Kähler; Joh. Christ. Hinsch; Barth. Joach. Iben; Gotthelf Christian Hartig; G. B. Wilh. Grasmeyer; Wm. Peltzer; Friedr. Christ. Gläser; Joh. Eschenburg; Fr. G. Zimmermann, Dr. u. Prof.; H. Wülbern; P. D. W. Tönnies; J. Schleiden, Dr. der Rechte; Nic. Dan. Schwieger; N. P. Kroh; M. H. Cords Söhne."

gesonnene Ueberreichung der Denkschrift" an den Fürsten Metternich „musste" derselbe ablehnen, weil er hier in öffentlichen Geschäften nur diejenigen Aufträge annehmen konnte, wozu die Hohen Senate oder Einer derselben ihn ermächtigt und weil die Denkschrift seinen Instructionen „nicht allerdings gemäss" war.

Endlich am 29. März versammelte sich einmal wieder das Plenum. An Resultaten war die Sitzung nicht ergiebig; schon sah man sie mit Schmerzen schliessen, ohne dass die nächste anberaumt worden; Fürst Metternich verlas „selbst" die Anträge des achten Ausschusses über Contingentstellung, den er scherzend die Supplications-Commission genannt; kaum hatte er geendet — man war noch in Erwartung, ob einer oder der andre sprechen würde —, als „unerwartet Präsident von Berg mit der Handelssache vortrat." Nicht um ihr eine glänzende neue Wendung, wenn auch nur à la Münster, zu geben, sondern um einen Skandal einzuleiten, der dem Diplomaten selbst sehr unerfreulich war und in dessen Einzelnheiten wir nicht eintreten mögen, so gross auch der Sturm im Glase Wasser war. Es handelt sich nämlich um eine der traurigen Enclaven-Wirren, um die Beschwerden des Herzogs von Anhalt-Köthen gegen Preussen. Der Herzog war in der Mitte Dezember, wie wir wissen, nach Wien gekommen, sich Recht zu verschaffen. Am 4. Januar schreibt ein Gesandter: „Die Beschwerden von Anhalt werden hingehalten, bis Competenz und Stimmenmehrheit vorüber sind." Sie gingen vorüber, aber das Hinhalten dauerte fort. Der Bevollmächtigte des Herzogs selbst hatte am 12. März „noch nicht den Mund aufgethan, sondern bis zu gelegnerem Zeitpunkt die Sache aufgeschoben, welcher Zeitpunkt seiner Meinung nach eintreten wird, wenn der Bundestag wieder in Wirksamkeit tritt: denn hier werde man ausbeugen, eine einzelne zwischen zwei Bundesstaaten obwaltende Irrung zu erörtern, deren Natur unangenehme Weiterungen annehmen könne." „Soviel ist gewiss, dass bisher Oesterreich sehr vermieden hat, damit nicht Steine des Anstosses eingeworfen werden." Und weit später noch, am 26. April, hiess es: „Der Einspruch des Herzogs von Anhalt-Köthen (denn bis zu einem Einspruch gegen das ganze Werk der Conferenzen kam es!)[116] würde mehr berücksichtigt werden, wenn nicht Preussen

---

[116] In der Plenarsitzung vom 5. Mai verlas Herr von Berg eine in sehr starken gegen Preussen gerichteten Ausdrücken abgefasste, vom Herzog von Anhalt Köthen selbst entworfne und unterzeichnete Rechtfertigung seiner fortgesetzten bedingten Weigerung, die Schlussacte zu genehmigen. Dadurch entspann sich eine lange und lebhafte Unterhaltung

allzufest sich dagegen gesetzt und Oesterreich mehr Condescendenz für diesen Staat aus andern Gründen gehabt hätte. Streng genommen scheint die Forderung des Herzogs nicht hieher zu gehören...." Anhalt verlor inzwischen die Geduld. Am 13. März richtete der Herzog ein heftiges Rescript an seinen Bevollmächtigten und dieses war es, was der Präsident von Berg am Schluss der Sitzung vom 29. März zur Ueberraschung Aller vorlas. Es wird auf diese ärgerliche Sache noch einmal zurückzukommen sein; nicht ohne Noth soll es geschehen. Der Minister von Fritsch wusste wohl, was er am 13. April schrieb: „Der Handel wird noch etwas Händel verursachen". [117])

Der Auftritt vom 29. März weckte kein besondres Verlangen nach der Berathung über den Artikel 19. Der mitteldeutsche Staatsmann berichtet am 6. April: „Die Verhandlungen über die Handelsfreiheit sowie über die Contingentstellung beseitigte Fürst Metternich, damit das Hauptgeschäft nicht aufgehalten werde". Am 20.: „Die Mehrzahl der Abgeordneten verheisst das Ende der Conferenzen in den ersten Tagen des Mai; nicht unwahrscheinlich werden einige Gegenstände, wie der Handel, die Contingentsache und die Festungen aus dem Grunde an die Bundesversammlung zurückgewiesen, damit die Techniker vorerst mit ihren Gutachten gehört werden können." Freilich konnte er noch am 22. April sich „mit dem Gedanken nicht befriedigen, dass man ein Geständniss ablegt, man habe trotz sechs Monate Zeit nichts Tüchtiges über den Handel, über Contingentstellung und mehrere andre Punkte zur Welt bringen können, und müsse solches an die Bundesversammlung ver-

---

über diesen Gegenstand, worin zunächst der Fürst Metternich aufs Neue das Unrecht des Herzogs darzulegen suchte. Graf Bernstorff, vollends gereizt durch Aeusserungen des Baron Marschall, wies die Anschuldigungen, die gegen Preussen erhoben worden, entschieden zurück; Preussen handle der Congressacte, so nachtheilig sie sei, nicht entgegen und füge Anhalt kein Unrecht zu. Das, worüber der Herzog sich beschwere, sei eine nothwendige Folge der geographischen Lage; man thue von Seiten Preussens alles Mögliche, um die Klagen des Herzogs zu beseitigen, dagegen müsse man über das oft gewaltsame Benehmen und die Contrebande der Anhalter gerechte Klage führen u. s. w. Der Gegenstand ward endlich dadurch vor der Hand zur Ruhe gebracht, dass Mehrere daran erinnerten, es werde eigentlich erst bei der Discussion über den vierten Artikel der Anträge des zehnten Ausschusses über Handel und Verkehr davon die Rede sein. — Vgl. die Schrift des Herzogs von Anhalt: Beilage B. zum Protokoll der 27. Sitzung: Aegidi, Schlussacte, S. 303—307.

117) Derselbe ist am 6. Mai der Meinung, dass „die Handelssache noch manche Bewegung veranlassen dürfte".

weisen"; doch setzt er tröstend hinzu: „Wir verlieren zwar nichts dabei." Und am 26. April schrieb derselbe: „Die übrigen Angelegenheiten scheint man immer sichtlicher unter irgend einem schicklichen Vorwand, z. B. dass Techniker erst zu hören sind, dem Bundestag zuweisen zu wollen. Schon einmal hab' ich mich darüber geäussert, dass der Vortheil des Einzelnen dabei nicht zu verlieren scheint; wir werden die Militär- und Festungs-Angelegenheit mit allen Lasten und Ausgaben für eine Zeitlang los, entbehren aber freilich in der Handelssache die allenfalls denkbaren Vortheile und Abhülfe. Gleichwohl kann ich nicht annehmen, dass es der Versammlung zur Ehre gereichen wird, wenn sie Sachen von solcher Wichtigkeit, wie die gemeinsame Vertheidigung oder das innere Leben und Blühen des Handels so gleichgültig und geringschätzig auf die lange Bank hinausschiebt. Aber unsre Staatsmänner vermeiden jede Reibung und halten den Kampf der Meinungen für gefährlich."

Die gespannte Aufmerksamkeit richtete sich damals auf die Vollendung der „Ergänzungsacte" zu dem Bundesgrundgesetz, der nachher sogenannten Wiener Schlussacte. In den Artikel 65 derselben waren die Artikel 16, 18 und 19 der Bundesacte einfach eingerückt „als Allegat der hier gemeinten Gegenstände", d. h. derjenigen, für welche der Bundestag zu sorgen habe. Es gewann den Anschein, als sollte die grosse Sache der Erfüllung des Artikel 19 hier gleichsam beigesetzt und begraben sein. Nicht anders ist es am Ende gekommen. Aber den Wiener Conferenzen sind die „lebhaften Scenen", welche „die Debatten über Handelsfreiheit" verhiessen, nicht erspart geblieben. Der Sturm leidenschaftlichen Streites ist noch aufgebraust unter den wohlerzogenen Menschen, die hier das Beste der deutschen Länder und des ganzen Deutschland wahrzunehmen hatten. Die Tiefe des Gegensatzes, welcher damals in Sachen des Handels und Verkehrs die Nation spaltete — abgrundtief, wie gemeinhin im deutschen Leben Gegensätze sich aufthun — trat in greller Beleuchtung aufflammenden Zorns unter den an Selbstbeherrschung gewöhnten Diplomaten, die hier aber die bezähmte Wildheit des natürlichen Temperaments zügellos walten liessen, in aller Schroffheit zu Tage. Auf der einen Seite Preussen mit seinem Zollsystem — auf der andern Seite Deutschland mit seinem Bedürfniss der Vereinigung! Denn so muss man sich ausdrücken, um in deutscher Sprache verständlich zu werden: wenn der Geist unsres Volks in ernstem aufrichtigem Verfolgen eines Ziels gleichzeitig zwei Bahnen einschlägt, die sich kreuzen, und die eine dieser Bahnen von den Deutschen verfolgt wird, welche in ihrer politischen Einheitsform Preussen heissen, so thut und redet man, als stünden sich Preussen und Deutschland gegenüber. So standen sich Preussen „und Deutschland" gegenüber in der Handelssache und die Zwietracht schien unheilbar, unversöhnlich die Feindschaft. Die glatte Hand, welche sonst wohl geeignet war, einen Knoten zu schürzen, und die hier „vermittelnd" dazwischenfuhr, vermochte nicht, die zerrissnen Fäden aneinanderzuknüpfen; die kleinen Künste geschäftiger Beschwichtigung reichten hier nicht aus; zwar gelang es dem Fürsten Metternich dort an dem „mit grünem Tuche belegten und mit genügendem Schreibmaterial zierlich versehenen Tisch" in seiner grossen Antichambre die heftigen Worte zum Schweigen zu bringen: aber die Geister platzten immerfort aufeinander. In einem vielsagenden und mehr noch verschweigenden Protokoll mochte Gentz den Ausbruch gereizter Stimmungen sorgfältig vertuschen; darin war er Meister: doch der Streit musste ausloben. Hie preussische Zollreform — hie deutsche Handelseinheit! Standen Oesterreich und sein Metternich etwa mit richterlicher Unbefangenheit wie ein Gott über den sich bekämpfenden Parteien? So glaubte man damals.

Es war am 11. Mai 1820, als im Plenum der Wiener Conferenzen die Anträge des zehnten Ausschusses über Handel und Verkehr zur Sprache kamen.[118]) Auf die erste Anfrage des Fürsten Metternich, über diesen Gegenstand abzustimmen, folgte eine fast durchgängige Stille. Der Freiherr von Münchhausen für Kurhessen bemerkte, dass wegen der Kürze des Vortrags es schwierig sei, Anträge zu machen, indem man die Gründe nicht kenne, welche, die früheren Anträge bei dem Ausschuss unberücksichtigt zu lassen, die Veranlassung gegeben. Eine ziemlich scharfe Bemerkung, deren Stachel sich kaum verbirgt: die „früheren Anträge" sind die von Berstett und Marschall; die vaterländische Sache,

---

[118]) In der Sitzung vom 3. Mai (vgl. Anm. 116) hatte Metternich sich bewogen gefunden, die Discussion über die Anträge des Handelsausschusses für die nächste Versammlung zu verkündigen. Für den Augenblick war es, als öffnete er ein Sicherheitsventil. Denn der verhaltene Groll suchte sich am 5. Luft zu machen; die starken Schritte des Herzogs von Anhalt machten es unmöglich, die Debatten über die Handelsfrage zu ersticken. Es ging einigermassen hart her. Anhalt erachtete sich seiner Selbständigkeit und Unabhängigkeit beraubt. Preussen äusserte sich „beinahe bedauernd, den Bund eingegangen zu sein." Metternich „bemühte sich, die Discussion abzulenken," warf eine Formfrage auf und fand darin die meisten Stimmen für sich, zumal da er nun eben jenes Ventil aufzog.

welche sie vertreten, ist „unberücksichtigt" geblieben; Preussen hat für Deutschlands Wohl und Wehe kein Ohr gehabt. Der Minister von Marschall war darauf der Meinung, die er bereits am 4. März geltend gemacht, die Sache ganz auf sich beruhen zu lassen und sie nicht an den Bundestag zurückzuweisen, wenn man nichts Mehreres bewilligen könne. Diese seine Meinung gab Marschall schriftlich zu Protokoll.[116]) Graf Bernstorff erwiderte nichts. Auch erfolgte von keiner Seite ein Antrag.

Da begann der Freiherr von Fritsch den eigentlichen Angriff. Er war längere Zeit mit sich darüber zu Rathe gegangen. Schon am 12. März hatte er geschrieben: „Soviel ist gewiss, dass bisher Oesterreich sehr vermieden hat, damit nicht Steine des Anstosses eingeworfen werden, und ich weiss aus der sichersten Quelle, dass das bisher beobachtete Schweigen gern gesehen worden ist. Ich stehe nun sehr überlegend, wie und was ich zu thun habe, theils um der allgemeinen, als der speciellen Instruktion, wo Gotha besonders fulgerecht über die preussischen Schritte sich ausgesprochen hat, zu genügen. Ich fühle, dass das Sprechen zu nichts führen wird; ich kann und darf aber nicht schweigen und dadurch vielleicht die Gelegenheit versäumen, möglicher-, wenn auch nicht wahrscheinlicher Weise etwas zu erwirken, und die Wahrheit darf man doch wohl nicht blos, sondern man muss sie bekennen. Mit solchen Gedanken gehe ich seit einigen Wochen täglich um und erwarte einen günstigen Moment, um die Sache recht anzufassen." Am 6. Mai hatte Fritsch „ein Opus unter den Händen", in welches noch Einiges theils aus den Rescripten, theils aus einem Briefe von der Heimath her „miteingeschaltet werden soll"; die Tendenz bezeichnen seine Worte: „möge die gemässigte Stimme durchdringen!" Dieselbe bezeugt auch ein andrer Ausspruch vom 6.: „Bedauernswerth ist, dass diese Sache mit allzugrosser Heftigkeit geführt wird, dass darüber oft die schöne Mitte übersprungen und der guten Sache geschadet

---

[116]) Beilage Litt. L. zum Protokoll der 28. Sitzung; Aegidi, Schlussacte, S. 332. 333. Es heisst darin u. A.: „Die Bekanntwerdung der hier ausgesprochenen Sätze dürfte also unter solchen Umständen die Wirkung hervorbringen, die Hoffnungen der Bewohner der deutschen Staaten, dass irgend eine Erleichterung ihnen werde zu Theil werden, noch mehr zu schwächen, was gewiss weder den Absichten der Cabinette entspricht, noch dem Zwecke, der durch die Sätze erreicht werden soll". Man ersieht, Marschall trat als Wortführer der „Gleichgesinnten" auf, von denen oben im Texte die Rede gewesen. Vgl. weiter oben das Urtheil des Freiherrn von Fritsch über Marschall d. d. 6. Mai.

wird. Minister von Marschall tritt als Gegner von Preussen ungemein stark auf und ich sehe deutlich, dass seine Kraft vergebens verschwendet wird; er reist, statt zu überzeugen." In diesem Geist arbeitete Fritsch seinen Vortrag für die Plenarberathung über den Handel.[120]) Einen ersten Entwurf hatte er Herrn von Marschall mitgetheilt, der ihn am 5. Mai mit der Bemerkung zurücksandte, dass er denselben „ebenso zweckmässig als schonend" und hoffentlich der Absicht des Verfassers zu entsprechen geeignet finde.[121]) Er selbst gab sich am 12. Mai das Zeugniss, dass er sein Votum „nach Anleitung der ihm zugegangnen Weisungen mit Beibehaltung der bezeichnenden Stellen übrigens in einer sehr bescheidnen und milden Form zu fassen bemüht gewesen". Und am 22. Mai: „In der Abstimmung über die Handelssache sind sowohl die von Gotha als von Weimar mir zugegangnen höchsten Rescripte wörtlich ausgezogen; ich habe die Uebergänge so gewählt, dass ich den grellen Anstoss vermied. Ich hielt mich verpflichtet, die stärksten Stellen beizubehalten, damit man den Ernst und Nachdruck erkenne, welchen man von Seite dieser Höfe auf die Sache legt".

Fritsch glaubte nun, den ihm ertheilten Instruktionen genügen und mit der Abstimmung hervortreten zu müssen. Sie ging im Wesentlichen dahin: 1) dass man hier bestimmt aussprechen möge, man wolle im Innern der einzelnen Staaten solche Einrichtungen treffen, dass ein gegenseitiger freier Verkehr der Bundesstaaten erreicht werde; 2) dass der unbeschränkte Handel mit Lebensmitteln unter demselben bestimmt verabredet; und 3) dass über die zur Sprache gekommene Belegung enclavirter Staaten mit den Steuern des enclavirenden hier irgend eine Norm festgesetzt und die Sache nicht ohne alle nähere Bestimmung an den Bundestag verwiesen werde. In welcher Art solches am zweckmässigsten geschehen könne, wollten die Sächsischen Häuser, welche selbst dabei betheiligt seien, der Versammlung überlassen.

Ehe eine eigentliche Debatte sich entspann, hielt Fürst Metternich einen mündlichen Vortrag, um die Fragen einzuleiten, 1) ob etwas über den

---

[120]) Abgedruckt als Beilage Litt. M. zum Protokoll der 28. Sitzung; Angldi, Schlussacte, S. 333—336.

[121]) Marschall fügt in seinem Schreiben hinzu: „Ich verzweifle nicht, dass Preussen sich genöthigt finden wird, das bisher ergriffne System zu modificiren und das nicht zur Ehre denen gereicht, die es zu ergreifen veranlasst und es bisher mit Heftigkeit vertheidigt haben". Welche heillose Verblendung.

Handel an den Bundestag kommen solle? 2) was und wie es dahin kommen solle? Er fing damit an, dass der Dr. List — nach derselben Politik, welche vom Dr. Schreiber befolgt werde — ihm eine neue dringende Vorstellung eingereicht und darin die alten unausführbaren Vorschläge, unter Anderem durch die Schilderung des schlechten Ausfalls der Leipziger Messe, aufs Neue motivirt habe. Darauf einzugehen sei unmöglich. Jeder grössere Staat habe sein eignes Handelssystem; kleinere angrenzende Staaten könnten ein gemeinschaftliches verabreden. Das seit Joseph's Zeiten befolgte Oesterreichische System des geschlossnen Handelsstaats habe sich als ganz verwerflich gezeigt; es sei aber unmöglich, es auf einmal zu verlassen; nach und nach werde und müsse man dahin kommen. Daher könne jetzt schon gegen Zollabgaben eingeführt werden, was sonst ganz verboten gewesen sei; an einer den Transit begünstigenden Verordnung werde gearbeitet, der Zoll überhaupt werde herabgesetzt werden u. s. w. Lasse sich demnach auch in diesem Augenblick von Seiten Oesterreichs nicht viel thun, um die laut ausgesprochnen Wünsche zu befriedigen, so dürfe man doch über die selbst in öffentlichen Blättern so viel besprochnen hiesigen Berathungen wegen des Handels nicht gänzlich schweigen. Auf den Antrag, den freien Handel mit Lebensmitteln gleich auszusprechen, wolle er sich in der nächsten Sitzung weiter erklären. Um sich mit dem Herzog von Anhalt-Köthen wirksamer zu benehmen, wünsche er im vierten Satze der Ausschussvorlage statt „Erleichterung" (d. h. der Flussschifffahrt) „Freiheit" zu setzen. — Dies Letzte ward gleich zugestanden und überdies noch vorgeschlagen, die von der Flussschifffahrt handelnden Artikel der Congressacte ausdrücklich zu allegiren, ein Vorschlag, der sich an Marschall's Behauptung anknüpfte, der vierte Satz sei ein Rückschritt im Vergleich zur Congressacte.

Hierbei entspann sich ein sehr langer und lebhafter Wortwechsel zwischen dem Grafen Bernstorff und dem Freiherrn von Marschall.

Die Beziehung auf das Votum von Fritsch gab dem Streit eine vermehrte Nahrung. Ueber den ersten Punkt der Weimarischen Anträge schien man allenfalls einig werden zu können; den zweiten Punkt (freier Verkehr mit Lebensmitteln) nahm Bernstorff beifällig auf, während Metternich die Antwort auf Rücksprache mit den hiesigen einschlägigen Stellen und Behörden verschob; der dritte Punkt wurde die Ursache eines herben Zwistes zwischen Bernstorff und Marschall.

Es wird an dieser Stelle zur Pflicht, die verschiednen Gesandtschaftsberichte wiederzugeben und neben einander zu stellen:

Der Bericht an eine norddeutsche Regierung geht von der Aeusserung Marschall's aus, die Fassung des vierten Satzes gebe sogar noch der Besorgniss Raum, dass auch die Vollziehung der Congressbeschlüsse über die Flussschiffahrt noch länger hingehalten werden könnte; da ihre Vollziehung hier an die Bedingung „soweit die Natur des Gegenstandes es zulassen könne" geknüpft werde, hinter welche Clausel sich ein jeder zurückzuziehen Gelegenheit finden dürfte, der ein Interesse daran zu haben glaubte, die nun schon Jahre lang verzögerte Vollziehung der Congressbeschlüsse noch länger hinzuhalten: „Graf Bernstorff ergriff diese Aeusserung, die von dem Nassauischen Minister erfolgte, mit Lebhaftigkeit, um zu versichern, so könne dieser Satz nicht interpretirt werden und suchte insbesondre Preussen gegen den ihm von Nassau schon am Bundestage gemachten Vorwurf, dass es die Arbeiten der Rheinschiffahrtscommission hinhalte, zu rechtfertigen. Bei dieser Gelegenheit stellte Graf Bernstorff den Satz auf: dass die Vollziehung der Congressbeschlüsse über Flussschiffahrt kein Gegenstand sei, mit welchem sich die Bundesversammlung befassen oder sich in dieselbe einmischen könne, da hiezu besondre Commissionen angeordnet seien, die allein sich mit der Sache zu befassen hätten. Dieser Satz wurde von dem Nassauischen Minister nicht nachgegeben. Er setzte dem Grafen Bernstorff entgegen, dass allerdings auch dieser Gegenstand vor die Bundesversammlung gezogen werden könne, sowie ein Bundesglied durch Verhinderung der Vollziehung der Congressbeschlüsse die in dieser Hinsicht durch die Congressacte erworbenen Rechte eines andern Bundesgliedes verletze, und dieses sich dazu bewogen finde, nach Anleitung des 11. Artikels der Bundesacte den Gegenstand vor den Bund zu bringen und die bundesverfassungsmässige Entscheidung zu verlangen. Dass die Schiffahrtscommissionen nicht hinreichend sein könnten, in einzelnen Fällen die Beschwerden zu heben, werde daraus klar, dass nur durch Unanimia bei diesen Commissionen die Gegenstände erledigt werden könnten, es also jedem Widersprechenden frei stehe, die Entscheidung bei der Commission zu verhindern, wie dieses wirklich bei der Rheinschiffahrtssache der Fall zu Mainz sei, zur Beschwerde mehrerer unmittelbar betheiligten Bundes- und andrer Staaten und gewissermassen des gesammten Deutschland. Graf Bernstorff wusste sich nun nicht anders zu helfen, um diesen Satz zu widerlegen, als indem er die das allgemeine Erstaunen der ganzen Versammlung in dem höchsten Grade erregende Behauptung aufstellte, dass Rechte, welche einzelne Bundesglieder aus einer andern Quelle, als der Bundesacte selbst, wie z. B. aus der Congressacte herleiteten, niemals Gegenstand der Entscheidung des Bundes werden könnten. Hier ständen sich zwei Bundesglieder als Souveräne Europäischer Staaten gegenüber, die den Streit mit einander völkerrechtlich auszugleichen hätten und nicht vor der Bundesversammlung. Nie habe Preussen die Bundesacte anders verstanden, nie werde es in eine solche Beschränkung seiner Souveränetät willigen und von dem Bunde Recht nehmen. Um seine Behauptung noch deutlicher zu machen, führte Graf Bernstorff an, dass, wenn z. B. ein Bundesglied gegen Preussen Rechte aus dem westfälischen Frieden in Anspruch nehmen und geltend machen wollte, die Sache nach preussischer Ansicht niemals vor den Bund gehöre, da hier ein andrer Tractat als die Bundesacte Quelle der Entscheidung sein würde. — Man traute seinen Ohren kaum, als man dieses aus dem Munde eines preussischen Ministers zu vernehmen hatte, der sich sechs Monate lang hier mit Ausbildung und Befestigung des deutschen Bundes beschäftigt und auf die Fassung der Schlussacte den grössten Einfluss ausgeübt hatte. Ein solches Glaubensbekenntniss des königlichen Cabinetsministers war im höchsten Grade unerwartet. Man suchte daher das hier offenbar vorliegende Missverständniss zu beseitigen. Man bemerkte dem Grafen, dass, wenn sein Satz richtig wäre, Streitigkeiten zwischen Bundesgliedern mit den Waffen am Ende ausgeglichen werden müssten, gegen den 11. Artikel der Bundesacte, der dieses untersage, und vorschreibe, dass Bundesglieder ihre Streitigkeiten bei der Bundesversammlung anzubringen hätten. Alle diese Gründe machten auf den Grafen keinen Eindruck. Er behauptete fortwährend, in solchen Fällen sei nach Ansicht des preussischen Hofes die Bundesversammlung imcompetent. Als man weiter anführte, dass die Annahme dieses Satzes die Auflösung des Bundes zur nothwendigen Folge haben müsste, dass bei Streitigkeiten zwischen Bundesgliedern die Bundesversammlung über ihre Competenz zu erkennen, nicht aber der Angeklagte (wie es der Graf für die Fälle verlange, wo ein Bundesglied gegen Preussen Beschwerde zu führen aus andern Titeln als der Bundesacte in dem Fall sein sollte) darüber zu entscheiden habe, ob die Sache vor den Bund gehöre oder nicht; — war der Graf dennoch nicht dazu zu bewegen, seine Ansicht zu berichtigen. Er blieb mit ungewöhnlicher Lebhaftigkeit bei seiner Behauptung stehen, dass Preussen als unabhängiger Europäischer Staat in solchen Fällen betrachtet werden müsse und dieses nicht aufgeben könne, auch nicht gemeint sei, diese Behauptung zu Gunsten des Bundes aufzugeben. — Niemand schien diese ganze Discussion unangenehmer als dem Fürsten von Metternich, der nichts versäumte, um die Ideen zu berichtigen und die vorliegende Differenz zu beseitigen, ohne selbst tiefer in die Sache hineinzugehen, da er sonst sich in die Nothwendigkeit würde versetzt gesehen haben, dem Grafen Bernstorff Unrecht zu geben. Fürst Metternich drückte also nur sein Bedauern aus, dass diese Discussion durch die Flussschifffahrtsgegenstände veranlasst worden sei, vorzüglich durch die anhaltische Reclamation, und erklärte Alles für Missverständnisse, zu welchen theoretische Erörterungen leicht führen könnten. Hierher gehörten nur die Gesetze, nicht die Fragen, die ihre Anwendung nach sich zögen. — Diesem hätte entgegengesetzt werden können, dass, um gesetzliche Bestimmungen zu verabreden, man genau ihre Anwendung und mögliche Auslegung vor Augen haben müsse, dadurch also die gegenwärtige Discussion veranlasst worden sei. Da man aber allgemein überzeugt war, dass Niemand dieses besser fühlte und einsah, als der Fürst selbst, der dadurch nur dieser unangenehmen Sache ein Ende machen wollte, der preussische Minister sich auch nur zu deutlich schon ausgesprochen hatte, so wurde der Sache keine weitere Folge gegeben. — Allgemein fragt man sich nun, wie man die Sache zu nehmen habe? Hat Graf Bernstorff das System, welches sein Cabinet in Bundessachen zu befolgen gedenkt, unvorsichtiger Weise bei dieser Veranlassung ausgesprochen oder nur seine individuelle, mit der Bundesacte in dem offenbarsten Widerspruche stehende Meinung? Es möchte schwer sein, hierüber zu entscheiden. Beide Fälle sind sehr unangenehm. Hat der Graf das System des preussischen Cabinets enthüllt, so wissen nun die Bundesglieder, was sie von Preussen in Bundesangelegenheiten zu erwarten haben und dass es System Preussens ist, Vortheile aus dem Bunde zu ziehen, den wichtigsten Bundesverpflichtungen aber sich zu entziehen. Hat der Graf Bernstorff nur seine eignen Ansichten ausgesprochen, so kann der Bund die Leitung der Bundessachen in dem preussischen Cabinet nur mit Misstrauen in seinen Händen sehen, indem seine persönlichen Grundsätze und Ansichten mit dem Bundessystem in dem directesten Widerspruch stehen."

Ein andrer, gleichfalls norddeutscher Gesandter berichtet: „Hierbei entspann sich ein sehr langer und lebhafter Wortwechsel, worin auf der einen Seite Herr von Marschall — dem nur Wenige ausdrücklich, doch stillschweigend gewiss alle Uebrigen bis auf den Fürsten von Metternich, welcher zu vermitteln suchte, beistimmten — vertheidigte, dass die Beschwerden über Verletzung der Congressacte, namentlich in Beziehung auf die Vorschriften wegen der Flussschiffahrt, an den Bundestag gebracht werden dürften, auf der andern Seite aber Graf Bernstorff die Incompetenz der Bundesversammlung, wenigstens solange, bis die Schiffahrtscommissionen eine Vereinbarung zu Stande gebracht hätten, behaupten wollte. Wenn der Graf in diesem Streite sogar die deutlichen Vorschriften des 11. Artikels der Bundesacte durch die Erklärung verletzte, dass Preussen die Competenz der Bundesversammlung in Streitigkeiten, die aus der Congressacte herrühren, nicht anerkennen werde u. s. w., so muss man hoffen, dass diese und ähnliche für das Bundesverhältniss verderbliche Grundsätze nur in der durch das persönliche Missverhältniss der beiden achtungswerthen Staatsmänner gesteigerten Lebhaftigkeit des Streits geäussert worden sind."

Ein mitteldeutscher Staatsmann schreibt: „Der dritte Punkt (der Anträge von Fritsch) wurde die Ursache eines lebhaften Zwistes, indem die Competenz des Bundestags von Graf Bernstorff bezweifelt und von Minister von Marschall aus Artikel 11 der Bundesacte deducirt werden wollte, bei welcher Discussion der eigentliche Gegenstand in der Hitze des Augenblicks aus den Augen verloren wurde. Fürst Metternich unterbrach endlich das Wechselgespräch, erklärte: Oesterreich halte nicht für zweckmässig, Grundsätze hier aufstellen zu lassen, sondern grundgesetzliche Bestimmungen, deren es aber nicht „zu bedürfen scheine, nachdem über die Competenz des Bundestags Artikel 3 der Bundesacte und in der Schlussacte Artikel 21 und 31 bereits entschieden sei."

Ein andrer Bericht sagt: „Die Streitenden erhitzten sich und daraus gingen ziemlich ungehörige und irrige Behauptungen hervor. Fürst Metternich wird dem vorbeugen, dass in nächster Sitzung keine so lebhafte Discussion wieder entstehe; Minister von Marschall wurde von ihm auf den folgenden Tag zu Tische gebeten und mit Graf Bernstorff hat Gentz sich beschäftigt."

Die Bedeutung dieses Streites wird nicht leicht übersehen oder unterschätzt werden. Entstand er auch nur gelegentlich, wird der Parteigegensatz in

Betreff des Artikel 19 und des in Preussen aus staatlicher Machtvollkommenheit eingeführten Zoll- und Steuersystems mit keinem Worte berührt, die Principien standen in Frage und mit ihnen stillschweigend alle ihre Consequenzen. Während dieses leidenschaftlichen Wortwechsels entwarf der Vertreter der freien Städte eine andre Fassung des vierten Artikels der Ausschussvorlage und gab sie dem Fürsten Metternich mit der Aeusserung, dass er dafür halte, mit dieser Veränderung würden vielleicht Alle einverstanden und die Anstände gehoben sein.[172]) Der Fürst gab diese Redaction dem Grafen Bernstorff — im Ausschuss hatte Senator Hach denselben Antrag gemacht, war damit aber von Bernstorff abgewiesen worden: jetzt, nachgiebiger als im Ausschuss, erklärte der Graf sich damit (bis auf Einen Ausdruck[173]) einverstanden.

Wiederholt erfolgte dann die Umfrage, ob man diese Sache, wenn man über einzelne Sätze noch discutirt haben werde, auf sich beruhen oder auf dem Bundestag verhandeln lassen wolle? Man verschob den Beschluss bis zur nächsten Sitzung, in welcher Oesterreich über den Verkehr mit den Lebensmitteln abstimmen werde.

Nachdem über die merkwürdige 28. Conferenz vom 11. Mai 1820 manche Stimme vernommen worden, dürfte es ebenso von Interesse wie auch gerecht sein, darüber den Grafen von Bernstorff selbst anzuhören. Er berichtet am 13., wie folgt:

„Demnächst wurde auch die noch immer unentschiedne Frage wegen des Handels und Verkehrs zwischen den einzelnen Bundesstaaten vorgenommen. Es wurden dadurch, wie ich es hatte voraussehen müssen, wieder Ausfälle gegen das preussische Zollsystem veranlasst, welche ich durch sehr kategorische Erklärungen abzuweisen mich genöthigt sah. Der erste Angriff wurde im Namen der Herzoglich Sächsischen Häuser gemacht, blieb aber umsomehr ohne Erfolg, als die persönliche Bescheidenheit und Rechtlichkeit des Weimarschen Ministers von Fritsch ihm nicht gestatteten, auf seinen instructionsmässig gemachten Anträgen irgend zu bestehen. Dagegen entspann sich eine ebenso

---

[172]) Statt der schwankenden Worte „so thätig zu betreiben und so schnell zu beendigen, als die Natur des Gegenstandes zulassen kann" hatte Hach gesetzt „aufs Thätigste zu betreiben und aufs Schnellste zu beendigen". Statt des Wortes „baldthunlichst": „unverzüglich".

[173]) Bernstorff forderte nur, dass statt „aufs Schnellste" gesetzt werde: „so schnell als möglich zu beendigen", „indem man ein Mehreres nicht versprechen könne."

lebhafte als hartnäckige Erörterung, als der Nassauische Minister von Marschall das Wort nahm, seine alten längst verworfnen Anträge erneuerte, die unstatthaften Forderungen des Herzog von Anhalt-Köthen in Betreff der Flussschiffahrt auf die ungeziemendste und unvernünftigste Weise unterstützte, und hinsichtlich der Erledigung dieses letzten Gegenstandes der Bundesversammlung eine Competenz beigelegt wissen wollte, welche ich auf keine Weise einräumen oder anerkennen konnte. Auch blieben seine Anträge und seine mit Leidenschaftlichkeit erneuerten Angriffe ohne alle Wirkung. — Da die Vorschläge des Minister von Fritsch auch darauf gerichtet waren, dass der Grundsatz der Freiheit des Verkehrs mit Getreide und andern Lebensmitteln hier bestimmt ausgesprochen werde, und ich, wie mehrere andre Mitglieder der Conferenz, diesen Wunsch nachdrücklich unterstützen zu müssen glaubte, so erhielten wir von dem Fürsten Metternich nicht nur die Hoffnung, dass diesem Antrage auch Oesterreichischerseits gewillfahrt werden könne, sondern auch das Versprechen, dass er darüber ohne Verzug die Entscheidung des Kaisers einholen wolle."

Endlich wird in solchem Fall ein Auszug aus dem Protokoll zu füglicher Ergänzung gereichen. Wer die Verhandlungen bereits kennt, dem erzählen diese Protokolle von Gentz so Manches, das sie sonst wohl zu verschweigen wissen. Der betreffende Auszug lautet:[124])

„Es wurde hierauf zur Erörterung der Anträge des zehnten Ausschusses in Betreff des Handels und Verkehrs zwischen den einzelnen Bundesstaaten übergegangen. Der Herr Fürst von Metternich sprach seine Ueberzeugung aus, dass ein allgemeines deutsches Handelssystem und eine die gesammten Bundesstaaten umfassende Handelsgesetzgebung wohl nur als fromme Wünsche zu betrachten wären, in der Wirklichkeit aber jeder Regierung überlassen bleiben müsste, auf praktischem Wege, durch freie Berathung und Vereinbarung mit ihren Nachbarn das Mögliche zu erreichen. — Der Herr Baron von Marschall gab in dem sub Litt. L. beiliegenden Aufsatz seine Meinung dahin zum Protokoll, dass es gerathener sein dürfte, die Sache hier unberührt zu lassen, als sie mit den vom Ausschuss vorgeschlagenen Sätzen an die Bundesversammlung zu bringen. Die Mehrheit der übrigen Herren Bevollmächtigten war jedoch mit dieser Ansicht nicht einverstanden, sondern hielt es für rathsam und nützlich,

---

[124]) Aegidi, Schlussacte, S. 312. 313.

dass, nachdem die Conferenz sich einmal mit der Handelsfrage beschäftigt hat, sie die dabei obwaltenden Schwierigkeiten rein ausspreche, zugleich aber der Bundesversammlung die weitere Behandlung dieser Frage dringend zur Pflicht mache. — Der Herr Baron von Fritsch verlas im Auftrag der Grossherzoglich und Herzoglich Sächsischen Häuser den sub Litt. M. zu Protokoll genommenen Aufsatz. — Da in demselben unter Andrem der nachbarlichen Handelsverhältnisse erwähnt ward, so bemerkte der Königlich preussische Staatsminister Graf von Bernstorff, dass er keine Bundesverhältnisse kenne, nach welchen solche Souveränetäts-Rechte, als man hier anfechten wollte, auch nur zweifelhaft erscheinen könnten. — Nach einer lange fortgesetzten Discussion über diesen Gegenstand, machte der Herr Fürst von Metternich bemerklich, dass die hiesige Conferenz keineswegs berufen sei, sich auf Streitfragen, wie die bei Gelegenheit dieser Discussion aufgeworfnen einzulassen, indem für solche, wenn sie einmal verhandelt werden müssten, die Bundesversammlung in den Schranken ihrer verfassungsmässigen Competenz und der Rechtsweg offen stände.[123]) Da die Besprechungen übrigens zu keinem bestimmten Resultate führten, so behielt man sich vor, den dritten Satz wegen Freiheit des Verkehrs mit Getreide und andern Lebensmitteln, für dessen unmittelbare Erledigung die Kaiserlich Oesterreichischen,[124]) Königlich Preussischen und Königlich Bayerischen, so wie sämmtliche übrigen Herren Bevollmächtigten sich vorläufig im günstigen Sinn erklärten, in der nächsten Sitzung zur Erwägung zu ziehen."

In dieser stürmischen Sitzung vom 11. Mai war man über die Anträge des zehnten Ausschusses zu keinem Beschluss gelangt! So eröffnete denn Fürst Metternich die Berathung des Plenum am 13. mit der Bemerkung, dass man sich über einige in den Anträgen berührte Punkte vielleicht hier schon vereinigen und bestimmt aussprechen könnte, so dass alsdann nur die übrigen dem Bundestage zur ferneren Bearbeitung zu übergeben sein würden. Zu jenen Punkten gehörten vorzüglich der freie Verkehr mit Getreide und

---

123) Im Protokoll tritt Metternich ganz und gar auf Seite Marschalls. Keiner der Gesandtschaftsberichte, die ich kenne, gibt dem Verhalten des Fürsten diese Färbung.
124) Dass Oesterreich sich wie die Uebrigen für Freiheit des Verkehrs mit Lebensmitteln erklärt habe, würde eine Unwahrheit sein, hätte nicht Gentz „Bevollmächtigte" an dieser Stelle gesetzt und besonders „vorläufig". Letztres war in Betreff aller übrigen Staaten unnötzl es war aber nöthig, um Oesterreichs isolirte Stellung zu verhüllen.

andern nothwendigen Lebensmitteln, „worüber man sich bereits von allen Seiten günstig erklärt habe". Der Fürst zeigte an, dass von allen hiesigen Landesbehörden die Freigebung des Verkehrs mit Lebensmitteln nicht nur als unbedenklich, sondern selbst als wünschenswerth anerkannt worden. Wie sehr hatte Metternich zu bedauern, dass, da der Kaiser am 1. Mai nach Prag gereist, vor der endlichen Erklärung ein Courier an Seine Majestät geschickt werden müsste, „um Allerhöchstdessen Entschliessung zu vernehmen". „In 6—7 Tagen hoffe er, der Fürst, die beistimmige Erklärung zu ertheilen berechtigt zu sein". Das Einzige, was man also zum Abschluss hätte bringen können, brachte man doch nicht ganz zum Abschluss. In 6—7 Tagen? Die Entscheidung lässt vielleicht auf sich warten, bis die Conferenzen geschlossen sind. Und dann wird Kaiser Franz, der Ja sagen kann, wohl auch Nein sagen können. — Graf Bernstorff war am 13. Mai nicht zugegen; er und Baron Zentner liessen sich wegen Unpässlichkeit entschuldigen. Um so eher war der „zweite Stein des Anstosses", der Widerspruch des Herzogs von Anhalt zu beseitigen, mit welchem Metternich am Morgen „sein Glück versucht" hatte. Was der Herzog begehrt — eine besondre Fassung über die freie Schifffahrt —, setzte Metternich für ihn im Plenum durch. General Krusemark, einer der preussischen Bevollmächtigten, begab sich aus der Sitzung zum Grafen Bernstorff und brachte dessen zustimmende Antwort zurück: so war man einstimmig und ersuchte Herrn von Berg, den Herzog zu veranlassen, nun seine Zustimmung zur Schlussacte förmlich zu erklären, was denn auch am folgenden Tage, dem 14. Mai, geschehen ist. „Anhalt kann zufrieden sein", schreibt am 13. der mitteldeutsche Staatsmann, „der Negociateur war schon der Beachtung werth; ein Theil seiner Wünsche wird erfüllt und es kann sich rühmen, den Widerstand von Preussen bezwungen zu haben". Für Andre war es „sehr beruhigend, zu vernehmen, dass Graf Bernstorff bei dieser Gelegenheit (durch Krusemark) sagen liess, Preussen werde alle übernommenen Verbindlichkeiten erfüllen, nur wolle es keine neue übernehmen." So zeigten sich in der Conferenz vom 13. „erfreuliche Aussichten für das Gedeihen der hiesigen Verhandlungen". „Der neuliche Streit ist nun ganz gehoben, da die jetzige (dem Anhaltiner concendirte) Fassung des 4. Artikels über den Handel die Flussschifffahrt unstreitig unter den Schutz des 31. Artikels der Schlussacte stellt. Fürst Metternich hat mithin neuen Anspruch auf den Dank der Bundesgenossen."

Noch emphatischer lautete des Herzogs von Anhalt „besondre und gefühlte Anerkennung der unvergänglichen Verdienste", die sich Metternich erworben: „Der Name dieses grossen Staatsmanns wird, nächst dem seines erhabnen Monarchen, von der spätesten Nachwelt unter den ersten und thätigsten Begründern deutscher Eintracht und Unabhängigkeit dankbar genannt werden".

Indem wir also, um mit Heinrich v. Kleist zu reden, „Fanfare blasen lassen", dürfen wir Abschied nehmen von den Wiener Conferenzen. In der Sitzung vom 15. Mai wurde beschlossen, die Hauptarbeit als definitiv festgestellt anzusehen, am 10. zur Unterschrift dieser „Wiener Schlussacte" zu schreiten und dieselbe vom 15. Mai, „dem Geburtstage des Fürsten Metternich", zu datiren. Am 20. Mai wurde die Sache des zehnten Ausschusses erledigt; Graf Bernstorff war noch unpässlich: „jetzt wurden die Sätze über den Handel, soweit sie nur die Instruktion der Bundesversammlung betreffen, noch einmal verlesen und genehmigt. Die Artikel 3 und 4, worüber wahrscheinlich nach der Rückkehr des Couriers aus Prag eine eigne Convention geschlossen wird, blieben bis dahin ausgesetzt". Die letzte Sitzung fand am 24. Mai statt; es war kein Courier aus Prag gekommen; so gab man dem Artikel wegen des Verkehrs mit Lebensmitteln eine doppelte Fassung: „die Instruktion nach Frankfurt wird also etwa dahin gehen müssen, nach Massgabe der Kaiserlich Oesterreichischen Erklärung dem einen oder dem andern beizustimmen; der Fürst wird übrigens noch jede Regierung besonders von der Entschliessung des Kaisers benachrichtigen" — der Kaiser wird sich, „wie Metternich es gewiss erwartet, beifällig entscheiden". Schon am Abend vorher, gegen Mitternacht, in der gewöhnlichen Assemblee des Fürsten, hatten sich bei demselben nach und nach die Congressgesandten beurlaubt. —

Das Facit für Handel und Verkehr ist also ziemlich gleich Null. Es bleibt aber noch zu betrachten, was inzwischen aus den „Separatverhandlungen" geworden sein mag. Vom 9. Februar bis Mitte März hatten sie „geruht", wie Fritsch am 19. März nach Hause meldet. Schlimmer noch stand es: Kurhessen, das in diesen und auch in andern nationalen Dingen die Katastrophen herbeizuführen pflegt, war zurückgetreten. „Die neulich von dem Kurfürsten von Hessen eingegangne abfällige Erklärung", schreibt Fritsch, „wird die Grossherzoglich und Herzoglich Sächsischen Lande vielleicht von jenem Verein ganz trennen, wenn nicht durch Hinzutritt von Bayern die

Verbindung wieder hergestellt wird; und der letzte Staat ist in der That geneigt, unter Modificationen beizutreten". Freilich, nur unter „Modificationen". [121]) Es ging mit diesen Verhandlungen ungefähr wie mit denen auf dem Wiener Congress über Stiftung des Bundes: sobald Bayern gleichsam die Situation beherrschte, liess es die Wahl, entweder den Verein ganz aufzugeben oder den Beitritt Bayerns und den Abschluss des Vereins mit gewissen Einräumungen zu erkaufen, durch welche der Verein seinen eigentlichen Gehalt preisgab. In einer Note vom 22. März gab der Bayerische Minister Freiherr von Zentner dem Badischen Minister von Berstett [122]) die ziemlich allgemeinen Gesichtspunkte seiner Regierung zu erkennen. [123]) Berstett antwortete eingehend, ein-

---

[121]) „Die ursprünglich von Darmstadt ausgegangne Idee eines besondern Vereins zwischen den gleichgesinnten mittleren Staaten zu Aufhebung aller den innern Verkehr hemmenden Zölle, Stapelgerechtigkeiten und sonstigen Einrichtungen fand sowohl bei Kurhessen, als bei Bayern und Württemberg nicht Eingang. Und als der erste Hof sich ganz abfällig, die beiden letzteren aber nur unter mancherlei Modificationen beizutreten sich erklärten, so blieb, vorzüglich für die entfernten Sächsischen Lande, keine Aussicht, dass irgend etwas zu Beförderung des Handels durch die Vereinigung der mittleren Staaten erzielt werden könne, als durch Annäherung an diejenigen Vorschläge, welche Bayern eröffnete." Bericht des Freiherrn von Fritsch, Wien den 20. Mai 1820.

[122]) Als Erwiederung auf zwei Noten Berstett's vom 13. Januar und vom 8. Februar.

[123]) Baron Zentner hatte „nicht gesäumt", seinem Hofe den Inhalt der Badischen Eröffnungen „berichtlich vorzutragen". „Seine Majestät der König von Bayern theilen vollkommen die dorin ausgesprochenen wohlwollenden Absichten Seiner Königlichen Hoheit des Herrn Grossherzogs von Baden und hatten demnach schon bei Eröffnung der hiesigen Verhandlungen Allerhöchstihren Bevollmächtigten angewiesen, thätigst mitzuwirken, damit den innen und dringendsten Wünschen deutscher Unterthanen durch gemeinschaftliche Massregeln zu Erleichterung des Handels und Verkehrs unter den verschiedenen Bundesstaaten auf jede billige und thunliche Weise entsprochen werden möge." Indem Zentner sich auf das bezieht, was er in diesem Sinn bei den Berathungen des zehnten Ausschusses wiederholentlich geäussert, „kann derselbe nur bedauern, dass die sich allzusehr durchkreuzenden Interessen der einzelnen deutschen Staaten und deren überall hervortretende Verschiedenheit in Hinsicht auf geographische und politische Verhältnisse, Production, Gewerbfleiss und bisherige Steuersysteme der unmittelbaren Erzielung eines allseitig befriedigenden Resultats gedachter Berathungen hinderlich gewesen, und aus diesen nur solche allgemeine Bestimmungen hervorgegangen sind, welche, mehr vorbereitend als entscheidend, die möglichste Erreichung jener wohlthätigen Absichten vorerst noch der ferneren Wirksamkeit des Bundestags überlassen. Wenn hiernach die endliche Festsetzung eines die gesammten deutschen Staaten umfassenden gemeinsamen Handelssystems nur von einer noch ungewissen Zukunft zu erwarten steht, so finden Seine Königliche Majestät von Bayern hierin einen entscheidenden Bestimmungsgrund, einstweilen die in Antrag gebrachte Vereinigung einzelner Bundesstaaten zur Belebung des Handels und zum Schutze des deutschen Gewerbfleisses unter der Voraussetzung Ihrerseits zu befördern, dass solche eine gewisse geographische

lenkend, am 28. März.[129]) Ihm lag Allen daran, dass nur Etwas zu Stande kam, dass seine Politik nicht völlig Schiffbruch litt, dass er nicht mit ganz

Ausdehnung und Geschlossenheit erreiche und also im wahren Sinn des Wortes ein gemeinschaftliches System dieser Staaten begründe." Der König habe vor Allem den Entwurf eines eventuell verabredeten Separat-Handelsvertrages einer reiflichen Prüfung unterworfen und sich darüber von den einschlägigen Behörden Bericht erstatten lassen. „Es hat sich daraus ergeben, dass mehrere Bestimmungen dieses Entwurfs, welche ohne Zweifel dem besondern Bedürfnisse der eben genannten Staaten (Baden, Nassau u. s. w.) nicht minder als dem im Allgemeinen beabsichtigten Zweck entsprechen, gleichwohl den gegenwärtigen Verhältnissen Bayerns nicht in dem Masse ausagen, dass solche ohne Weiteres angenommen werden könnten. Da indessen doch vorausgesetzt werden darf, dass man dabei jede den politischen und staatswirthschaftlichen Interessen aller paciscirenden Theile gebührende Rücksicht gern werde eintreten lassen, wenngleich der vorgerückte Stand der hiesigen Verhandlungen nicht mehr erwarten lässt, dass noch vor deren Beendigung eine anderweitige Separat-Uebereinkunft hierselbst zu Stande gebracht werden könne, so haben Seine Königliche Majestät mit desto grösserer Geneigtheit den mit jenem Entwurf verbundnen Antrag eines in Darmstadt zu veranstaltenden Zusammentritts sachverständiger Commissarien aufgenommen, und ist der Unterzeichnete angewiesen, andurch zu erklären, wie Allerhöchstdieselben bereit und erbötig seien, solchen auch durch einen Bayerischen Bevollmächtigten zu beschicken, welcher mit den nöthigen Instruktionen versehen werden soll, um zu allen zweckdienlichen Verabredungen zu concurriren, die dazu dienen mögen, diejenigen vertragsmässigen Erleichterungen des Handels und der Flussschifffahrt, deren Realisirung ganz Deutschland noch von den kräftigen Berathungen und Beschlüssen des Bundestags zu erwarten hat, der hierunter durch gleiche Absichten wie durch gleiches Interesse näher verbundnen Staaten sobald und so vollständig als immer möglich zu versichern." Bayern versucht also, den Separatverein für das Erste dahin zu reduciren, dass man übereinkomme, Bevollmächtigte nach Darmstadt zu senden. Dies und eine gewisse allgemeine Tendenz der dort vorzunehmenden Berathung, das ist Alles, worauf man in München sich einlassen mag. Auf die in Vorschlag gebrachten Punkte versicherte Zentner mündlich, sich nicht ohne Instruktionen einlassen zu können. Das war aber der Kern der Verabredung vom 9. Februar.
[130]) Berstett nahm völlig Umgang von der „früheren" Punctation; ebenso standen Marschall, Du Thil, Fritsch bereitwillig von den „früheren Vorschlägen" ab, unter der Voraussetzung, „dass durch minder eingreifende Bestimmungen dem Verein eine grössere Ausdehnung gegeben werden könne" (Berstett an Mandelsloh, Note vom 3. April, a. w. u.). Dem Bayerischen Minister erklärt Berstett, jene Punctation habe nur dazu dienen sollen, die Vereinigung einer bestimmten Anzahl von Staaten zu befördern; sie „waren eben aus diesem Grunde einer jeden Modification fähig". „Desshalb wäre es auch dem Unterzeichneten sehr erwünscht gewesen, wenn von Königlich Bayerischer Seite diejenigen Punkte bestimmt angegeben worden wären, deren Abänderung nach der jenseitigen Ansicht erforderlich sein dürfte, damit er den Beweis hätte ablegen können, dass der Grossherzoglich Badensche Hof bereit sei, auf jede Bestimmung einzugehen, durch welche der vorgezeichnete Zweck im Allgemeinen erreicht werden kann. Da nun aber die hiesigen allgemeinen Verhandlungen bereits soweit vorgerückt sind, dass sich deren baldige Beendigung mit Bestimmtheit vorhersehen lässt,

leeren Händen vor die nächste Badische Ständeversammlung zu treten brauchte. Er betrieb die Sache auf das Angelegentlichste: nicht nur in München, auch in Stuttgart. Württemberg zeigte sich noch bedenklicher, wie die Note des Grafen Mandelsloh an Berstett vom 1. April zeigt,[131]) welche dieser, in

zugleich aber auch das Interesse sämmtlicher Staaten, welche an den Besprechungen zu Abschliessung von Separat-Handelsverträgen Antheil nehmen, es dringend fordern, dass man sich hier bereits über gemeinschaftliche Bestimmungen zur möglichsten Erleichterung des Handels und Verkehrs zwischen den pacisirenden Staaten vereinige, so hat der Unterzeichnete geglaubt, den Gang der Verhandlungen dadurch am zweckmässigsten abkürzen zu können, dass er aus den verschiednen jenseitigen Erklärungen und Eröffnungen diejenigen Punkte auszog, deren Annahme nach den bekannten Gesinnungen der verschiednen allerhöchsten und höchsten Höfe mit den wenigsten Anständen verknüpft sein dürfte". Somit reicht Berstett eine neue Punctation (in zwölf Artikeln) ein, bei der er die ihm mündlich und schriftlich bekannt gewordnen Ansichten der Höfe von München und Stuttgart soviel wie möglich zu Grunde legte und von denen seines Hofes Abstand nahm. Diese Punctation möge Zentner nach München einsenden und zugleich bemerken, „dass sich der Grossherzogliche Hof auch noch fernere Abänderungen werde gefallen lassen, insofern nur dadurch der Zweck im Allgemeinen, nämlich die Vereinigung der verschiedenen Allerhöchsten und Höchsten Höfe zu einem gemeinschaftlichen Handelsvertrage dahier noch erreicht werde, indem nach der diesseitigen Ansicht es vorzuziehen ist, wenn für einen grösseren Complex von Staaten vorerst eine geringere Handelsfreiheit erzielt werde, als wenn die grösstmöglichste Freiheit für eine kleine Masse von Staaten hergestellt würde". „Der Unterzeichnete schmeichelt sich mit der Hoffnung, dass der Königlich Bayerische Hof um so weniger Anstand nehmen werde, auf diese neuesten Punctationen einen noch hier zu unterzeichnenden Vertrag zu begründen, als durch dieselben keiner künftigen definitiven Bestimmung vorgegriffen wird, sondern vielmehr Alles, was sich auf die Ausführung bezieht, den jenseitigen Ansichten gemäss dem Ermessen der Commissarien, welche sich in Darmstadt versammeln werden, überlassen bleibt, während die hohen pacisirenden Staaten dennoch die nicht zu bezweifelnde und bestimmte Absicht an den Tag legen, ihren Unterthanen ohne ferneren Verzug alle diejenige Erleichterung des Handels und Verkehrs zu gewähren, welche durch die Verhältnisse der verschiednen Staaten nur immer zugelassen werden kann". Die zwölf Artikel der neuen Punctation, die Berstett an demselben 28. März auch dem Württembergischen Minister mittheilte, hier abzudrucken, dürfte sich kaum verlohnen. Die frühere bildet den Anfang, die spätere den Ausgang dieser Verhandlungen, während die vom 28. März nur als Intermezzo dient.

[131]) Graf Mandelsloh möchte „bestimmt davon unterrichtet sein, welche von den dahier anwesenden Herrn Bevollmächtigten Deutscher Staaten dieser neueren Punctation ihre Zustimmung ertheilt haben und ob dies auf eine völlig verbindende Weise geschehen sei"; darüber bittet er um gefällige Auskunft. Der Inhalt der Punctation selbst hat ihm noch zu einigen Bemerkungen Veranlassung gegeben, die er mittheilt. Diese fangen mit dem Toback an. „Indem der Unterzeichnete einer gefälligen Rückäusserung Seiner Excellenz entgegensieht, verbindet er damit den Wunsch, dass dieselben die Veranlassung geben möchten, damit er auch von den Ansichten der Herren Bevollmächtigten der deut-

gelinder Verzweiflung, zwei Tage darauf beantwortete.[121]) Es mochte ja Alles, Alles offne Frage bleiben, wenn man sich nur über all die offnen Fragen vereinigen wollte! Der Freiherr von Fritsch berichtet am 16. Mai: „Bayern[122]) hat zuerst, dann Württemberg zugestimmt, Letzteres unter mancherlei Beschränkungen. Der Vertrag ist jetzt nur darauf gerichtet, dass die beitretenden Staaten die thunlichste Erleichterung des Handels ihren Unterthanen gewähren und nach Verlauf dreier Monate zu Darmstadt durch Bevollmächtigte und auf der Basis einer bis dahin unverbindlichen Punctation unterhandeln wollen."

<small>schen Staaten, welche der neuesten Punctation bereits beigetreten sein könnten, über die (von Mandelsloh) vorgeschlagne Zusätze in Kenntniss gesetzt werde". Erst nach Erledigung der Bedenken wird Graf Mandelsloh nicht verfehlen, seinem Hofe Bericht zu erstatten.

[121]) Dem Badischen Minister war es sehr unerwünscht, dass Graf Mandelsloh nicht sogleich nach Stuttgart berichtet hatte. Er bezeichnet nun die Punctation vom 28. als bloss eventuelle Basis des abzuschliessenden Vertrags; „mithin kann zur Zeit noch von keiner bindenden Uebereinkunft unter den einzelnen hohen Paciscenten die Rede sein und dies zwar um so weniger, da es den Höfen von Darmstadt, Wiesbaden und den Grossherzoglich und Herzoglich Sächsischen Häusern nicht minder wie dem Grossherzoglich Badischen Hofe sehr erfreulich sein würde, wenn der Erleichterung des Handels und Verkehrs zwischen den paciscirenden Staaten eine grössere Ausdehnung gegeben werden könnte, als von dem Unterzeichneten zuletzt in Vorschlag gebracht worden ist, welcher Umstand zugleich ihre Bereitwilligkeit documentirt, sich, obgleich ungern, zur Bezweckung einer allgemeinen Uebereinkunft für einen grösseren Complex von Staaten auch noch fernere Modificationen gefallen zu lassen. Demnach sind es nur die officiellen Eröffnungen der allerhöchsten Höfe von München und Stuttgart, welche erwartet werden, um die bereits angeknüpften Verhandlungen zu einem Resultate zu bringen. Diejenigen Bestimmungen, welche von diesen beiden Höfen als Ultimatum ihres Beitritts zu der in Frage stehenden Uebereinkunft angegeben werden, müssen, insofern sie auf alle Peciscenten ihre Anwendung finden, als eigentliche definitive Basis der zu schliessenden allgemeinen Uebereinkunft betrachtet werden". Aller Bemerkungen über die Einwendungen enthält sich daher Berstett; er könnte doch nur seine eignen Ansichten aussprechen; wiederholt ersucht er, die erforderlich scheinenden Aenderungen nach dem Beitritt auf der Darmstädter Conferenz zur Sprache zu bringen; „einstweilen aber erneuert er die Versicherung, dass der Grossherzoglich Badische Hof die grösstmögliche Bereitwilligkeit darlegen werde, um alle Anstände, die sich bei dem Abschluss der Uebereinkunft erheben könnten, soviel es von ihm abhängt, zu beseitigen".

[122]) Fritsch berichtet am 20. Mai 1820: „Das Cabinet von München ging bei seinen Vorschlägen vorzümlich von zwei Gesichtspunkten aus, erstlich dem finanziellen, dass man in Bayern die Quelle eines bedeutenden Einkommens nicht sobald aufgeben könne, zweitens dem politischen, dass man nothwendig, um gegen die andern Staaten den Handel zu schützen, eine Waffe bereit halten müsse, die zuletzt dahin wirkt, dass der fremde Staat um so eher den billigen Anträgen wechselseitiger Handelsverträge Gehör gibt. Der Grossherzoglich Badische Minister Freiherr von Berstett fasste am lebhaftesten die Ideen des Bayerischen Hofes auf . . . ."</small>

Nun, diese Art von Vertrag war nicht aussichtslos! „Sobald Württemberg seine Zustimmung ausspricht, wird dieser Vertrag noch hier (in Wien) unterzeichnet werden, damit man doch **Einiges für diesen Gegenstand erreicht zu haben sich rühmen könne.**"

In der That, Württemberg gab seine Zustimmung, der Vertrag wurde noch in Wien unterzeichnet und zwar von Zentner für Bayern, Mandelsloh für Württemberg, Berstett für Baden, Du Thil für Hessen-Darmstadt, Fritsch für die Grossherzoglich und Herzoglich Sächsischen Häuser, Marschall für Nassau und Reuss: dies ereignete sich am 19. Mai 1820.[134]) Der Freiherr von Fritsch berichtet am Tage darauf, „dass Fürst Metternich von diesem Handelsvertrag unterrichtet worden ist und ihn billigt; Preussen kennt denselben und die Abgeordneten von Sachsen (Königreich), Kurhessen und Frankfurt wünschen davon Abschriften zu erhalten."[135])

Graf Bernstorff sendet die betreffenden Actenstücke mit seinem Bericht vom 22. Mai an den König ein; ich finde in diesem Bericht die Bemerkung: „Die Entscheidung des Kaisers hinsichtlich eines über den Grundsatz der Freiheit des Verkehrs mit Getreide und andern ersten Lebensbedürfnissen zu fassenden gemeinschaftlichen Beschlusses ist, soviel ich weiss, noch nicht eingetroffen" — für oder gegen oder über den Vertrag vom 19. Mai verliert Bernstorff kein Wort.

---

[134]) „er (Berstett) betrieb mit grossem Eifer die Vollziehung eines Vertrages, zu welchem endlich alle Bevollmächtigte die Zustimmung zu ertheilen sich erlauben dürften, da dieser Vertrag im Grunde nur das Versprechen enthält, Abgeordnete nach Darmstadt zu senden, um dort auf der Grundlage einer unverbindlichen Punctation weiter zu verhandeln", Fritsch vom 20. Mai (Fortsetzung des Berichts, vgl. Anm. 133). „So viel mir bekannt", meldet derselbe, wird Nassau den Commissarius zur Rheinschiffahrt, Baden den Regierungsrath Nebenius und nach Verhältniss die übrigen Staaten ähnliche der Handlung kundige Männer abordnen." Es hatte nur nicht jeder dieser Staaten seinen Nebenius. „Die Verwicklung der Handelsinteressen, die Details bei der Ausarbeitung neuer Zolleinrichtungen, die Einleitung zu abzuschliessenden Handelsverträgen oder die Verhandlungen über die Aufnahme später hinzutretender Staaten werden die Commissarien gewiss auf längere Zeit beschäftigen und ich bin darum zweifelhaft geworden, ob eine frühere Idee, die Herren Bundestagsgesandten mit diesem Geschäft zu beauftragen, ausführbar sei?"

[135]) Nämlich „um auch ihren Regierungen einen Vortrag darüber zu thun, da in ihren Augen diese Verbindung von Wichtigkeit und Bedeutung geworden ist."

Wir lassen hier die Urkunden folgen; es sind deren drei: 1) eine vor und bei dem Abschluss des Vertrags aufgenommene „Registratur", 2) der Vertrag, 3) die Punctation; jede derselben ist von den betreffenden Bevollmächtigten unterzeichnet, die Vertragsurkunde auch untersiegelt; sie datiren sämmtlich vom 19. Mai 1820.

Erstens die „Registratur":

„Wien den 19. Mai 1820. Nachstehende Bevollmächtigten haben sich heute in der Wohnung des Königl. Bayerischen Staatsraths, Generaldirektors im Staats-Ministerium des Innern, Freyherrn von Zentner eingefunden um zur Unterschrift und Besiegelung eines Staats-Vertrags zu schreiten, welcher sich auf gemeinschaftliche Regulirung der Handels-Verhältnisse zwischen den Königreichen Bayern und Württemberg, den Grossherzogthümern Baden, Hessen und Weimar, den sächsischen Herzogthümern und dem Herzogthum Nassau und den Fürstlich Reussischen Ländern bezieht. — Nach Vorlesung der in Gemässheit früherer Uebereinkunft ausgefertigten Vertrags-Urkunde und der derselben anliegenden Punctation, wurde zur Unterschrift und Besiegelung geschritten und beschlossen, dass die vollzogene Urkunde dem Grosherzogl. Hessischen Conferenz-Bevollmächtigten Freyherrn Du Thil zugestellt werden sollte, um dieselbe zu den gemeinschaftlichen Acten der in Gemässheit des ersten Artikels des Vertrags sich zu Darmstadt versammelnden Commission seiner Zeit abgeben zu lassen. — Zugleich wurde beschlossen, dass von der Vertrags-Urkunde und Beilage Abschriften gefertigt und nach vorhergehender Beglaubigung durch den Königl. Bayerischen Herrn Bevollmächtigten Staatsrath v. Zentner jeden der Herrn Bevollmächtigten eine solche Abschrift zum Gebrauch der pacisirenden Hoefe zugefertigt werden solle. — Ueber die in Gemässheit des Art. 3 des Vertrags zu bewirkende Ratification vereinigte man sich dahin, dass in der bestimmten Frist die Ratifications-Urkunden an dem Grosherzogl. Hessischen Bundestags-Gesandten zu Frankfurth von den verschiedenen Hoefen in einfacher Ausfertigung eingesendet werden sollen, welcher dieselben sodann an die Commission nach Darmstadt gelangen lassen wird, wo sie bey den Commissions-Acten mit der Vertrags-Urkunde selbst verwahrt bleiben sollen.

Zentner,   Graf Mandelsloh,
Berstett,   Du Thil,
Fritsch,   Marschall.

Zweitens der Vertrag:

„Ihre Majestäten der König von Bayern und der König von Württemberg, Ihre Königliche Hoheiten der Grossherzog von Baden, der Grossherzog von Hessen und der Grossherzog von Sachsen Weimar, Ihre Durchlauchten die Herzoge zu Sachsen, der Herzog zu Nassau und die Fürsten zu Reuss, von dem aufrichtigen Wunsche beseelt, die Freiheit des Handels und Verkehrs zwischen Allerhöchst- und Höchst Ihren Staaten so weit möglich durch gemeinschaftliche Uebereinkunft herzustellen, haben

Se. Majestät der König von Bayern den Herrn Friedrich Freiherrn von Zentner, u. s. w., u. s. w.

bevollmächtigt, die hierzu erforderlichen Einleitungen zu treffen, welche nach gegenseitiger Auswechselung ihrer richtig befundenen Vollmachten über nachstehende Artikel übereingekommen sind.

Art. 1. Die hohen Paciscenten werden 3 Monate nach Unterzeichnung gegenwärtiger Uebereinkunft eigene Commissarien nach Darmstadt abordnen und dieselben zum Behuf des Abschlusses eines die sämmtlichen paciscirenden Staaten bindenden Vertrags über die wechselseitigen Handels-Verhältnisse mit den nöthigen Instructionen versehen.

Art. 2. Als Grundlage der in Folge des Art. 1 zu eröffnenden Unterhandlungen wird die angeschlossene, von sämmtlichen Bevollmächtigten revidirte Punktation dienen, welcher jedoch, bis sich die hohen Paciscenten über deren Annahme und Ausführung vereinigt haben, keine vertragsmässig bindende Kraft beigelegt werden soll.

Art. 3. Die Ratifikationen der gegenwärtigen Uebereinkunft sollen innerhalb 4 Wochen in Frankfurt a. M. ausgewechselt werden.

Dess zu Urkund haben sämmtliche Bevollmächtigte vorstehenden Vertrag unterzeichnet und mit ihren Wappen besiegelt.

So geschehen Wien den 19. May im Jahre 1820.

Freiherr von Zentner. Graf von Mandelsloh. Freiherr von Berstett. du Bos du Thil. L. W. Freiherr von Fritsch. Marschall von Biberstein.

Dem Orignal gleichlautend
Frhr. von Zentner
als Königlich Bayerischer Bevollmächtigter.

Drittens die Punctation:

„1) Innerhalb der wechselseitigen Gränzen der paciscirenden Staaten werden alle Land- und Binnenzölle aufgehoben, und dagegen an den äussern Gränzen derselben, gegen die nicht zu dem deutschen Bunde gehörigen Staaten sowohl, als gegen die dem besonderen Vereine nicht beitretenden Bundes-Staaten, mit gemeinschaftlichen Ermessen der vereinten Staaten, solche Zölle angeordnet, welche einerseits dem staatswirthschaftl. Zwecke des Vereins, und andererseits dem finanziellen Bedürfnisse der betheiligten Staaten entsprechen. — 2) Auch über die Weg- und Wasserzölle werden die hohen Paciscenten (jedoch in Ansehung der letzteren mit genauer Rücksicht auf die Beschlüsse des Wiener Congresses von 1815) gemeinschaftliche und so viel möglich gleichförmige Bestimmungen erlassen. — 3) Jedem der paciscirenden Staaten bleibt zwar unbenommen, in seinem Innern besondere Consumtionssteuern anzuordnen, und zur Erhebung und Sicherstellung derselben die erforderlichen Anstalten zu treffen; jedoch soll hierbey unverletzlicher Grundsatz seyn, dass die Produkte und Fabrikate der übrigen im Vereine stehenden Staaten nicht höher als die inländischen belegt werden. — Nur die gegenseitige Einfuhr des Salzes soll von besondern Verträgen der paciscirenden Staaten abhängen. — 4) Die Zoll-Linie und die Zoll Aemter der vereinten Staaten werden gemeinschaftlich besetzt. — 5) Der Ertrag der gemeinschaftlichen Zölle wird nach dem Mittel-Verhältnisse getheilt, welches sich nach der Ausdehnung und der Bevölkerung der vereinten Staaten ergiebt. — 6) Die Uebereinkunft soll erst mit dem Zeitpunkte in Wirkung treten, den die paciscirenden Staaten, mit Rücksicht auf ihre innern Staats-Verhältnisse festsetzen werden. — 7) Jedem der paciscirenden Staaten bleibt zwar die Befugniss, aus dem Vereine wieder auszutreten, jedoch nur in der festzusetzenden Zeit, nach der hierüber geschehenen Erklärung.

Zentner. Graf v. Mandelsloh. Berstett. du Thil. Fritsch. Marschall."

Am 17. Januar 1820 hatte der Freiherr von Fritsch sich dahin geäussert: „es ist nothwendig, alle Mittel zu versuchen, um für den freien Verkehr einen grösseren Spielraum zu gewinnen und die vereinte Kraft wirkt um so gewisser; es ist rathsam, den deutschen Gewerbsleuten und überhaupt ganz Deutschland zu zeigen, dass man von Seiten der kleinen Staaten alles Mögliche für den freien Handel gethan hat." Und wirklich hatte man nun „alles Mögliche" gethan! Derselbe Staatsmann schrieb am 20. Mai 1820: „Die Vortheile, welche man sich von dieser Vereinbarung verspricht, sind mannigfach". Er hielt es „nicht für überflüssig, solche noch einmal zusammenzustellen"; es war in der That durchaus nicht überflüssig. „Nothwendig musste auf jeden Fall", sagt er, „die Bahn gebrochen werden zu Annäherung der Bundesstaaten zu einem der Bundesacte und dem früheren Verhältniss in Deutschland gemässen Handelssystem. Man entsagt der Anlegung neuer Zölle zwischen den vereinten Staaten und gibt wechselseitig den Verkehr frei. Mit Recht erwarten die Unterthanen eine solche Vereinbarung von ihren Fürsten und sie werden gewiss dankbar anerkennen, was man theilweise gethan hat, da es unmöglich schien, für das Ganze eine gleiche Vereinigung zu Stande zu bringen.[125]) Zu dieser wird aber, aller Wahrscheinlichkeit nach, die partielle Uebereinkunft sicherer führen."

[125]) „Die Sache des freien Handels und der freien Schifffahrt ist mit äusserster Lebhaftigkeit, doch nicht mit durchgängigem Erfolg verfochten worden". „Vergebens waren alle Bemühungen, eine noch bestimmtere Vereinigung herbeizuführen". „Die Einwirkung des zu Wien geschlossenen Separatvereins wird hoffentlich von allgemeinem Nutzen sein". Freiherr v. Fritsch, Weimar den 15. Juni 1820.

So waren denn die Wiener Conferenzen auch in Betreff des 19. Artikels der Bundesacte nicht ganz resultatlos verlaufen. Zwar hatte Preussen an seinem Zollsystem, diesem „Haupthinderniss" einer deutschen Handelspolitik, festgehalten und die Vereinigung des ganzen Bundes zu Einem Handelssystem hintertrieben. Da alle die umfassenden Pläne der Aufhebung der Zollschranken im Innern Deutschlands durch Preussen vereitelt wurden, so lächelte denselben das „Prohibitivsystem" Oesterreichs den bekannten freundlichen Beifall zu. Nur die Eine Erleichterung des deutschen wirthschaftlichen Lebens, die einzige damals mögliche, gegen die weder Preussen noch Bayern Einwendungen erhob, die Freiheit des Verkehrs mit Lebensmitteln sah sich Oesterreich genöthigt, selbst aus der Welt zu schaffen. Das war indessen in sanft hinhaltender Weise geschehen. Metternich war dieser Massregel wie jeder andern wohlthätigen Neuerung, die an dem Widerstreit Andrer scheitern musste, hold gewesen, hatte die besten Aussichten eröffnet; Sachverständige waren befragt und einverstanden gewesen; es fehlte nur noch die Einwilligung des Kaisers, an der übrigens nicht zu zweifeln war; diese wurde eingeholt, nachdem der Monarch — Wien verlassen hatte. Die Conferenzen kamen zum Schluss, ehe die Entscheidung eingetroffen war: wer dann den Fürsten in Prag wiedersah, vernahm aus seinem Munde, „wie Seine Majestät noch Bedenken getragen, den freien Verkehr der Lebensmittel wegen der Verhältnisse zu Ungarn auszusprechen." „Die erwartete Zustimmung Seiner Majestät des Kaisers zu dem ausgesprochenen freien Verkehr mit den Lebensmitteln", schreibt der Freiherr von Fritsch, ohne jede Missbilligung, am 15. Juni, „wurde aus Rücksicht auf die Verschiedenheit der eignen Erblande noch ausgesetzt." Es war also nicht einmal dieses Minimum erreicht worden! Natürlich, Preussen trug die Schuld. Die Kleinigkeit, die an den gerechten Bedenken des Kaiser Franz in Betreff Ungarns scheiterte, stand ja in keinem Verhältniss zu den grossen nationalen Hoffnungen, die aufgegeben oder vertagt werden mussten, weil Preussen (freilich wohl auch aus einiger Rücksicht auf die „eignen Erblande", auf die im Interesse der Einheit der Nation nothwendige Verschmelzung ihrer Interessen!) seine Zollgesetzgebung nicht rückgängig machen wollte. „Das System unsrer Nachbarn", so hatte ja der mitteldeutsche Staatsmann am 19. Februar 1820 geschrieben, „führt spät oder früh einen Bruch herbei; Preussen verkennt das, was es gross machen kann; es verscherzt Zutrauen und Neigung der Bundesstaaten und wird es einst bereuen."

Von um so grössrem Werthe erschien — für den Augenblick — der Vertrag vom 19. Mai 1820. Er war denn doch in Wien unterzeichnet, noch vor dem Schluss der Conferenzen, so dass „man doch Einiges für diesen Gegenstand (Artikel 19) hier erreicht zu haben sich rühmen" konnte.[137]) „Die jetzt zusammengetretnen Staaten bilden einen ziemlich grossen und zusammenhängenden Länderstrich. Die Wasser- und Landstrassen vom Rhein, Main und Neckar sind in deren Händen, sowie alle Strassen über den Thüringer Wald; um soviel mehr Mittel besitzen diese Staaten, nunmehr von den nicht beigetretnen Staaten günstige Handelsverträge zu erlangen"[138]) und „allenfalls gegen Preussen Retorsionsmassregeln mit Erfolg anzuwenden".[139]) Ihre vereinigte Macht war besser dazu angethan, als die äussersten Anstrengungen des Herzogs von Anhalt-Köthen gewesen waren, „um gegen Preussen die Freiheit der Elbschiffahrt zu erkämpfen und das königlich preussische Zollsystem zu stürzen." Der Handelsverein, der bald aus den Darmstädter Conferenzen hervorgehen sollte, schien wohl der Beachtung werth; „Baden schickt dorthin den Regierungs-Rath Nebenius."[140]) Wie imponirend wird diese Staatengruppe gegen Preussen auftreten! wie triumphirte der Freiherr von Marschall! „Bayern, Baden und Württemberg werden vorzüglich die Handelsverhältnisse mit der Schweiz, Baden, Bayern und Hessen die mit Frankreich, Nassau, Hessen und die sächsischen Häuser die Verhältnisse mit Preussen und dem Norden Deutschlands zu prüfen und zu beurtheilen haben".[141]) „Es steht zu hoffen, dass, wenn das Grössere — die Vollziehung des 19. Artikels der Bundesacte — nicht für diesmal durchgeführt werden kann, doch wenigstens ein Theil von Deutschland nach dem Sinn jenes Artikels sich einige".[142]) Das Ziel des Artikel 19 lag nicht mehr in unerreichbarer Ferne.

Des Artikel 19? War er nicht vielmehr aufgegeben? aufgegeben von seinen leidenschaftlichen Vorkämpfern? Wenn denn nun der Handelsverein in

---

[137]) So lautete der Wunsch am 16. Mai, der dann in Erfüllung ging.
[138]) Bericht des Freiherrn von Fritsch vom 20. Mai 1820.
[139]) Gesandtschaftsbericht vom 18. December 1819; vgl. S. 65.
[140]) Bericht vom 20. Mai 1820.
[141]) Ebendas.
[142]) Bericht vom 10. Februar 1820.

Darmstadt zu Stande kam, wenn er seine Zollschranken errichtete, lagen nicht auch diese mitten in Deutschland, wie die „bundesrechtswidrigen", „völkerrechtswidrigen", „reichsstaatsrechtswidrigen" Zollschranken Preussens? Erstrebten diese Staaten mit ihrer handelspolitischen Verbindung etwas Andres, als eine Gesammtmacht zu bilden, die dasselbe und zwar hoffentlich dasselbe (d. h. mit freihändlerischem Programm) zu thun hatte, was der preussische Staat gethan und womit Preussen sich nach der Ansicht jener Staatsmänner, welche jetzt in seine Fusstapfen traten, so stark gegen den Artikel 19 versündigt hatte? Wenn zwei dasselbe thun, so ist es nicht dasselbe! Wenn Preussen die Lebensinteressen eines bestehenden Staatswesens wahrnahm, so verletzte es den vermeintlichen Artikel 19: wenn im Interesse einer erst noch zu bildenden Staatengruppe sich derselbe politische Egoismus, jedoch ein collectiver Egoismus geltend machte, so war dies ein Fortschritt in der Richtung des Artikel 19. Denn, misslang „die Vereinigung des ganzen Bundes zu Einem Handelssystem", so war im Sinne des Artikel 19 doch „wenigstens die Vereinigung mehrerer oder vieler Bundesstaaten zu einem Handelstractate mit seinen erreichbaren geringeren, aber nicht unbedeutenden Vortheilen" das würdige Ziel der Freunde des Vaterlandes. „Beide Wege konnten zu gleicher Zeit und dort in Wien beschritten, beide mit gleicher Stetigkeit und Festigkeit verfolgt werden, ohne dass sie sich jemals durchkreuzten". „Schwer möchte es zu vertheidigen gewesen sein, diesen günstigen Augenblick ungenutzt verstreichen zu lassen". Es sind die bereits erwähnten Worte der Badischen Note vom 13. Januar 1820, welche die Separatverhandlungen einleitete, mit denen hier argumentirt wird. „Seine Königliche Hoheit der Grossherzog von Baden würden es wenigstens sich nicht zu vergeben wissen, wenn Sie nicht Alles angewandt hätten, um den gerechten Wünschen Höchstihrer Unterthanen in dieser Beziehung zu entsprechen." Karl August von Weimar durchschaute wohl das Verhältniss von Mittel und Zweck, indem er am 21. Januar 1820 die Instruktion ertheilte: „Aeussersten Falls ist Unser Bevollmächtigter autorisirt, der Vereinigung mehrerer deutscher Staaten beizutreten, deren in dem Schreiben vom 18. Dezember v. J. Erwähnung geschehen." Aeussersten Falls! Diesen äussersten Fall hatte nun Preussen herbeigeführt, indem es[143] „in das neue, von einer Partei daselbst[144] erkämpfte Zoll-

---

[143] Bericht vom 27. Februar 1820.
[144] Maassen, Wilhelm von Humboldt, Graf Bülow, Kunth, Beuth, J. G. Hoffmann, L. Kühne.

system den Werth setzte, dass es seine Selbstständigkeit comprommittirt glaubte, wenn es auf die Wünsche Andrer Rücksicht nähme, indem es verkannte, dass nur strenge Gerechtigkeit gegen Andre es wäre, was seinem Hof Zutrauen erwürbe und dessen eigne prekäre Lage zu einer vollkommen sichern umwandelte." „Preussens böser Genius ist es, der zu Verletzungen der Nachbarstaaten es verleitet und aus Freunden und Alliirten Gegner hervorruft"! Da gab es in diesem äussersten Fall für den Patrioten, welcher den 19. Artikel im vollen Umfang zu verwirklichen sich durch Preussen verhindert sah, keinen andern Weg, als den der Sonderverhandlungen und des Sonderbundes, um einigen Millionen Deutschen die Wohlthaten zu sichern, welche wegen des preussischen Zollsystems der Gesammtheit versagt blieben.

Nur Eines fragte man sich nicht: sicherte dieses preussische Zollsystem nicht auch jene Wohlthaten und zwar den zehn Millionen Deutschen des damaligen preussischen Staats? Und auf dieses Zollsystem sollten die zehn Millionen verzichten? —

Während die Gegensätze fast unversöhnbar wurden, begann unmerklich die Lösung sich vorzubereiten.

Die schlimmste Seite der preussischen Einrichtungen von 1818 bilden die Eingriffe in die Hoheitsrechte andrer deutscher Landesherrn — in Betreff der Enclaven. Man möchte meinen, es wäre schwer zu begreifen, wie vom Standpunkte des Rechts zweierlei Meinung sein könnte über das Verhalten der preussischen Regierung. Gewaltthätig war es. Indessen machte sich damals auch eine andre Auffassung geltend. Ich habe in den verschiednen Gesandtschaftsberichten von den Wiener Conferenzen die Ansichten über diesen Punkt, der für einen Deutschen von Ehrgefühl und hier insbesondre für einen Preussen peinlich ist, sorgfältig gesammelt. Es fehlt nicht an Aeusserungen sittlicher Entrüstung, allerdings meistens von Seiten der Betheiligten, aber ebensowenig an entgegengesetztem Meinungsausdruck, der nicht nur in Beschönigungen von Seiten Preussens besteht. Die Auffassung der Parteien, in mildester Form, gibt der Notenwechsel zwischen dem Grossherzoglich Sächsischen Minister Freiherrn v. Fritsch und dem preussischen Minister Grafen v. Bernstorff wieder; Letzterer antwortet am 1. Februar 1820 freilich ausweichend auf die feine und doch nachdrucksvolle Note des Ersteren vom 21. Januar; Graf Bernstorff hatte wiederholentlich (z. B. am 4. Januar) versichert, „dass er hier von inländischen Angelegenheiten dispensirt sei und sich also auf die Sache der Enclaven nicht einlassen könne" und blieb auch später dabei (z. B. 11. Februar), „dass er von Wien aus in die Berliner Geschäfte nicht unmittelbar eingreife, sondern Alles dem Staatskanzler vorgetragen werde", aber eben nur nicht „unmittelbar". Während die Note vom 1. Februar die Verhandlung nach Berlin verweist, gibt der Graf darin doch den wichtigsten Fingerzeig. Den wichtigsten: denn, folgen unsre Blicke, so sehen wir den Schleier sich heben, der damals die Lage der Dinge umflort; der Nebel theilt sich. Je stärker die Gegner den Rechtspunkt betonen, desto mehr wird von dem Berliner Cabinet gelten, was Fritsch am 4. Februar über Bernstorff berichtet: „er vertheidigt, dass Preussen Recht habe gegen die Enclaven." Je mehr mit allgemeinen Grundsätzen gegen Preussen zu Felde gezogen wird, desto ruhiger und stolzer wird preussischer Seits die Anwendbarkeit derselben bestritten werden. Sobald dagegen eine Ausgleichung versucht wird, sobald eine Regierung „für gut finden sollte, die Sache durch ihren Geschäftsträger an dem königlich preussischen Hofe zur Sprache zu bringen", so wolle sie sich für überzeugt halten, wie Graf Bernstorff den Freiherrn von Fritsch bittet, dass sie Preussen „sehr bereitwillig finden werde, zu einer jeden Ausgleichung die Hände zu bieten, welche nur irgend von seiner Billigkeit erwartet und als mit den bestehenden Verhältnissen verträglich befunden werden könne". In derselben Weise, der Sache mittelbar sich annehmend, äussert Bernstorff die Geneigtheit, Preussens „billige Erleichterungen gegen die Nachbarstaaten stattfinden zu lassen". Auch in der Eröffnungssitzung des zehnten Ausschusses deutete er, wie ich an der betreffenden Stelle nicht unabsichtlich hervorhob, auf den Weg der Verträge von Staat zu Staat. Dabei vertritt der preussische Minister den Rechtspunkt gegen Alle und gegen Jeden genau so warm und eifrig, wie die Gegner denselben anfechten. Ihm reisst auch mitunter die Geduld, wenn ihm immer und immer wieder die Zumuthung begegnet, Preussen müsse sein Zollsystem opfern, nachdem er hundertmal versichert hat, „dass er sich gänzlich ausser Stande befinde, auf Bestimmungen sich einzulassen, die mit demselben irgend in Widerspruch stehen würden." Am 27. Februar schreibt ein mitteldeutscher Staatsmann: „Sehr schwierig ist es, mit dem sonst so trefflichen und ehrenwerthen Grafen Bernstorff über diese Zollsachen zu verhandeln; durch viele und harte Aeusserungen ist er verwundet;

es ist fast unmöglich bisher gewesen, ganz ruhig und unparteiisch diese Angelegenheit zu erörtern." Derselbe deutsche Fürst, der am 17. März 1820 seinen Gesandten instruirt, „die Verhältnisse mit Preussen, dem nächsten mächtigen Nachbar, immer zu schonen",[145]) hat sich doch in der Sache der Enclaven stark genug ausgedrückt: „Nicht blos durch das Wort Einiger im Staate, sondern durch den Nachbarstaat selbst und durch Handlungen wird hier das Recht verletzt, wird das Verhältniss zerstört, welches die Bundesacte sichern soll".[146]) Die oben erwähnte Note des Minister v. Fritsch vom 21. Januar birgt in achtungsvoller Sprache den verhaltnen Groll. Ein norddeutscher Gesandter bespricht am 17. April 1820 den Streit um die enclavirten Theile von Anhalt: „Die Beschwerden selbst sind übrigens sehr gegründet, da Preussen sein Zoll- und Verbrauchsteuer-Gesetz gegen die Anhaltischen Unterthanen wie gegen seine eignen anwendet und dieses Verfahren damit rechtfertigen will, dass die Theile der Anhaltiner Herzogthümer, gegen welche das System beobachtet wird, Enclaven von Preussen seien und dass die preussische Regierung bereit sei, den Herzogen eine Geldentschädigung zu bewilligen, überdies aber den Anhaltischen Unterthanen gleich den preussischen völlige Freiheit des Verkehrs im Innern der Monarchie zugestehe." Natürlich nach getroffner Uebereinkunft! Daher ist es zwar hart, aber kein Widerspruch mit der erklärten Bereitwilligkeit, was der Bericht aussagt, indem er wahrheitsgemäss fortfährt: „Dies Letztere wird indessen nicht einmal beobachtet, da noch neuerlich verschiedne Anhaltische Produkte bei der Einfuhr ins Preussische mit Abgaben belegt worden sind, welche von gleichen preussischen Produkten nicht entrichtet werden". Ebenso erging es den Bewohnern von Allstädt, der Weimarischen Enclave, die, in Bezug auf die Verbrauchssteuer wie preussische Inländer behandelt, für jedes gewonnene Quart Branntwein, das sie nach Preussen einführten, 1 Thlr. 3 Sgr.

---

[145]) Hier folgen die bemerkenswerthen Worte: „so sehr man sich auf das, was Oesterreich in der neuesten Geschichte Deutschlands gethan und bewährt hat (1820), und was durch Erinnerungen aus den früheren Zeiten auch an Bedeutung gewinnt, zu Oesterreich, dem alten Kaiserhause, hingezogen fühlt und je angelegentlicher Wir wünschen, dass solches von Unsrem Bevollmächtigten bei jeder sich sonst darbietenden Gelegenheit bemerklich gemacht werden möge."
[146]) Vom 14. December 1819.

als Zoll bezahlen mussten;[147]) die Allstädter berechneten, dass (von 1800 Fass Branntwein, die „ins Ausland" verkauft wurden) die Abgabe jährlich „die unerschwingliche Summe von 17,000 Thalern betragen würde" oder etwa 20,000 Scheffel Getreide weniger verkauft werden könnten. Die Beschwerde von Allstädt an den Grossherzog vom 8. Dezember 1819 sagt dazu: „Es ist doch ganz unmöglich, dass die blosse geographische Lage eines fremdherrlichen Gebietstheils zu solchem schweren Druck den mächtigen Nachbarstaat berechtigen oder nur veranlassen könnte". Preussischer Seits wurde entgegnet, „es könne durchaus nicht zweifelhaft erscheinen, dass jeder Staat in Folge der Selbständigkeit, womit er seine innern Angelegenheiten anzuordnen befugt ist, auch das Recht hat, seine äusseren Grenzen mit Zolllinien zu umgeben und dass namentlich Rücksicht auf fremdherrliche Landestheile, welche in seinem Machtgebiet eingeschlossen sind, ihn daran keineswegs hindern können: eben weil hieraus sehr lästige Verhältnisse für solche Enclaven entstehen, suchen mächtige Staaten sich ihrer durch Verträge zu erledigen."[148]) Soweit die Betheiligten. Hören wir nun die Stimmen unbefangner Beurtheiler und zwar wiedergegeben von der Seite der Widersacher des preussischen Verfahrens. So heisst es in einem Gesandtschaftsbericht vom 18. März 1820: „Die Sache der Enclaven wird doch von mehr Unparteiischen anders angesehen, als von mir. Man glaubt, der Staat sei berechtigt, was sein Gebiet überschreitet und in dessen Arrondissement bleibt, der Verbrauchssteuer zu unterwerfen, die Insel-Enclaven durchaus nicht auszunehmen. Ich habe privatim dagegen angekämpft, aber meinen Gegner, der kein Preusse, eher Anti-Preusse ist, nicht überzeugt." Und in einem andern vom 19. März 1820: „Der mir ertheilten Instruktion gemäss werde ich das äusserste thun, um für Handel und Gewerbe sowohl, als für die Enclaven das mögliche zu erringen, wiewohl ich gestehen muss, dass wider mein Erwarten die höheren Transitosätze für die Enclaven nicht überall als eine völkerrechtswidrige Handlung betrachtet werden wollen und Unparteiische dem grösseren Staate das Recht zusprechen, die Transitogebühren für die Enclaven gleich mit den eignen Consumtionssätzen zu stellen. Sätze, gegen welche ich zu kämpfen nicht unterlassen habe, ohne jedoch das Gegentheil von der Richtigkeit meiner Behauptung überzeugen zu können."

---

[147] Preussisches Gesetz vom 8. Februar 1819.
[148] J. G. Hoffmann, a. O., S. 346. 347.

Stand aber die Sache so, dass es nicht zweifelhaft sein konnte, wo die Macht war, und dass es sehr zweifelhaft war, ob nicht das Recht sich auf derselben Seite befand, warum wurde, wie ein norddeutscher Staatsmann am 17. April 1820 berichtet, „eine besondre freundschaftliche Negotiation darüber (über die Enclaven) mit Preussen von dem Herzog (von Anhalt) nicht bezweckt?" Hoheitsrechte sind nicht feil. Ein deutscher Fürst mochte sich wohl eine „Geldentschädigung" nicht „bewilligen lassen", da ihm, wenn sein Aufenthalt zu Wien „ganz ohne Erfolg geblieben", der Weg der Beschwerdeführung beim Bunde noch offen stand. Gewiss stand er ihm offen; er hat ihn später auch betreten und es gab noch ärgerliche Auftritte.[149]) Behauptete Anhalt-Köthen doch schon zu Wien (am 11. Mai) „seine Souveränetät werde gekränkt; es müsse zuletzt die Garanten[150]) auffordern, wenn seine Reclamation nicht beachtet werde; der Bund gelte nicht für Anhalt, wenn es seiner Selbständigkeit und Unabhängigkeit beraubt werde." Unter der Hand liess der Herzog die Abschrift einer Darstellung seiner Verhandlungen mit Preussen verbreiten und betheuerte den Conferenzmitgliedern, er werde sie im Druck herausgeben, wenn seine Reclamationen unbeachtet blieben. Unsrem mitteldeutschen Staatsmann hat der Herzog, wie Jener am 13. Mai berichtet, „die Schrift vorgelesen, die theilweise sehr bündig und treffend ist, theilweise schwächere Stellen hat, worin aber das preussische Cabinet schonungslos angegriffen und die mindere Thätigkeit der hiesigen Conferenz für das Recht und die Unabhängigkeit eines kleinen Staats eben nicht zum Vortheilhaftesten geschildert wird." Aber war es denn unvereinbar mit der „Souveränetät", was Preussen im Wege des Staatsvertrages einzuräumen Willens war, um den Streit der Interessen zu schlichten? Gibt es nur Rechte der Souveränetät, nicht auch Pflichten? Und ist die höchste Staatsgewalt, deren Würde nicht angetastet werden darf, etwas Andres, als eine erhabne Institution des öffentlichen Rechts? Jeder Rechtsordnung wohnt aber die Zweckbestimmung ein, Lebensverhältnissen Gestalt zu geben; diese Verhältnisse werden bedingt und getragen von Interessen; solche Lebensinteressen sind normgebend für die Handhabung der Rechtsordnung; ein Gebrauch von Rechten, welcher die Lebensinteressen

---

[149]) Die Aufgabe der Hansestädte, Hamburg 1847, S. 90—94.
[150]) D. h. die auswärtigen Mächte. Wir erleben auch das noch.

unbeachtet lässt oder verletzt, darauf trotzend, dass das Recht zuständig sei, ist ein Missbrauch der sich rächen muss. — Preussen bot seinen gesammten deutschen Umgebungen eine Verbindung mit seinem Zollsystem an und zwar auf der Grundlage einer vollkommnen Gleichheit der Rechte und Pflichten und einer Theilung des Einkommens nach der Anzahl der Einwohner.[131]) Wer konnte einen deutschen Souverän nöthigen, ein fremdherrliches Zollsystem anzunehmen? Regierungen, die nie daran gedacht, ihr Gebiet mit Zolllinien einzuschliessen — wegen seines geringern Umfangs, seiner zerstreuten Lage —, sollten sich mit dem Gedanken vertraut machen, nun zu solcher Umschliessung sich mit Preussen zu vereinigen! Warum? warum mit Preussen? Weil dieses davon nicht abgehen wollte und, wie es vorgab, nicht abgehen konnte? Ja, wenn Deutschland diese Zumuthung stellte, wenn es ganz Deutschland gälte — aber Preussen! Dieses „vor Kurzem erst eingeführte Zoll- und Verbrauchsteuersystem", das einer deutschen Handelsfreiheit „in diesem Augenblick die grössten Schwierigkeiten entgegengesetzt hat", soll man befestigen helfen? Verewigt man nicht dadurch die Zollschranken im Innern Deutschlands? Dieses System zu Fall bringen, selbst mit Opfern, das verlohnt sich ernstlich — und vielleicht kommt es zu Fall, wenn man eher Alles duldet, als dass man sich auf so demüthigende Verträge mit Preussen einlässt! — Warum hat die preussische Regierung erst die Schwierigkeit geschaffen und hinterher die Nachbarstaaten eingeladen, Verträge zu schliessen, die das Leiden lindern sollen, welches künstlich durch die preussische Willkürmassregel erzeugt worden? Warum versuchte sie nicht vor der Ausführung des Gesetzes vom 26. Mai 1818 den Abschluss von Verträgen auf jenen Grundlagen? Dann wäre wenigstens der Schein vermieden, als wichen die Nachbarstaaten einer zwingenden Nothwendigkeit. Vielleicht ahnten aber die preussischen Staatsmänner, dass ohne sanfte Nöthigung in Deutschland nichts zu Stande kommt. Und in der That, die Verhandlungen jener Zeit lassen keinen Zweifel, dass es ganz vergeblich gewesen wäre! Es würde auch für Preussen nichts zu Stande gekommen sein.

Die Zeiten, worin ein solches Anerbieten allgemein Gehör finden konnte, waren im Jahr 1818 noch nicht gekommen.[132]) Ich wiederhole jedoch: während

---
[131]) J. G. Hoffmann, a. O., S. 348.
[132]) J. G. Hoffmann, a. O., S. 248.

die Gegensätze sich fast bis zur Unversöhnlichkeit steigerten, kündigte sich in aller Stille die Lösung, die wohlthuende zukunftreiche Lösung an.

Am 25. October 1819, noch vor Beginn der Wiener Conferenzen, schloss Schwarzburg-Sondershausen[133]) einen Staatsvertrag mit Preussen, wodurch die Verhältnisse des grösseren Theils seiner Besitzungen, welcher im preussischen Gebiet enclavirt ist, in Bezug auf den Zoll und die Verbrauchssteuer, geordnet, d. h. auf preussischen Fuss gesetzt wurden. Für die herrschende Meinung des Tages ein würdeloser Vertrag,[134]) ein Akt der Verzweiflung! Es stand während der Wiener Conferenzen vollkommen fest, dass dieser Hergang des Duodezstaates der erste und der letzte seiner Art sein und bleiben würde. Drei volle Jahre bestätigten die Richtigkeit der Prognose. Damals das preussische Zollwesen einführen und in Steuergemeinschaft mit Preussen eintreten, galt ungefähr für dasselbe, wie heute zu Tage die Einführung des preussischen Heerwesens und die Einverleibung der Armee eines deutschen Souveräns in die des Königs von Preussen. Wer uns dagegen sagen wollte, die Militärhoheit stünde ausser allem Vergleich, eine „Souveränetät ohne Militärhoheit" wäre keine „Souveränetät", dem mögen die Worte des Fürsten Metternich, gesprochen zu Karlsbad am 29. August 1819, die wandelbare Auffassung von dem, was eine „Souveränetät" entbehren und nicht entbehren kann, veranschaulichen: „Der Handel, seine Ausdehnung wie seine Beschränkung gehören zu den ersten Befugnissen der souveränen Gewalt". Graf Bernstorff scheint sich vollkommen klar gewesen zu sein, als er den 6. Artikel der Schlussacte zu Stande bringen half, vermöge dessen ein deutscher Souverän ohne Einwilligung des Bundes einem deutschen Souverän jedes seiner Hoheitsrechte übertragen — wohlbemerkt: „freiwillig" übertragen darf.

Bei dem Vertrage mit Schwarzburg-Sondershausen kam es vor Allem auf dreierlei an:[135]) Die Theilung der Einkünfte, an denen den fürstlichen

---

[133]) Schon bestand ein Vertrag vom 15. Juni 1819, worin gegenseitige Transitfreiheit für die Hauptartikel festgesetzt war. Viebahn, a. O., S. 143.

[134]) „Der Herzog (von Anhalt-Köthen) ist sehr unzufrieden mit der aus öffentlichen Blättern bekannten Uebereinkunft, die Schwarzburg-Sondershausen über jenen Gegenstand getroffen hat. Er versichert, dass Er niemals in eine solche Schmälerung Seiner Souveränetät willigen, sondern bald nach beendigter Regulirung der Elbschifffahrtsache sein Recht bundesmässig verfolgen werde;" norddeutscher Gesandtschaftsbericht, d. d. Wien den 1. März 1820.

[135]) Ranke, a. O. II, 89; ebendas. für das Folgende.

Cassen ein verhältnissmässiger Antheil zuzugestehen war, die gehörige Berücksichtigung der fürstlichen Souveränetäts- und Hoheitsrechte, die Wahrnehmung etwaniger besondrer Landesinteressen. Für die Theilung der Einkünfte wurde die Seelenzahl der Enclave [156]) und derjenigen preussischen Provinzen, in deren Linie sie fiel, zu Grunde gelegt. [157]) Durchaus nach dem Verhältniss dieser Zahl zu dem allgemeinen Ertrag sollte das den fürstlichen Cassen zu überweisende Einkommen bestimmt, von Drei zu drei Jahren sollte die Summe in gemeinschaftlicher Uebereinkunft festgesetzt werden. [158]) Indem nun hierdurch die Territorien in dieser Hinsicht in Eines verschmolzen und den beiderseitigen Unterthanen ein völlig freier Verkehr gewährt ward, musste allerdings den preussischen Zollämtern verstattet sein, die Spuren begangner Unterschleife auch auf dem enclavirten Gebiet zu verfolgen. Als Theilhaber preussischer Zolleinkünfte konnte dies der Fürst von Schwarzburg nicht versagen. Es ward aber dafür gesorgt, dass alle Visitationen, Beschlagnahmen und Verhaftungen nur durch die fürstlich schwarzburgischen Behörden vorgenommen, die vorkommenden Vergehen nur durch die fürstlichen Gerichte untersucht und bestraft würden, auch die zu verhängenden Geldstrafen mit Abzug des Denunziantenantheils nur dem fürstlich schwarzburgischen Fiscus zu Gute kämen. [159]) Für die hochfürstliche Hofhaltung und Residenz wurden auch noch einige besondre Vergünstigungen verabredet.

Erst im Jahr 1822, am 4. Juni, folgte jenem ersten Vertrage der zweite dieser Art: mit Schwarzburg-Rudolstadt in Rücksicht auf dessen im preussischen Gebiet eingeschlossne Herrschaft Frankenhausen. [160]) Mochte das eigne Interesse noch so dringend sein, es war eine mühsame Unterhandlung mit einem deutschen Souverän, die auch manche Schwierigkeit in den Gewohnheiten und Bedürfnissen der kleinen Landschaft fand. [161]) Das besondre Landesinteresse

---

[156]) Der sog. Unterherrschaft, in der preussischen Provinz Sachsen.

[157]) Es wurde bedungen, dass der dreijährige Durchschnittsertrag des Einkommens an Verbrauchssteuern bei den Zoll- und Steuerämtern in den östlichen Provinzen des preussischen Staats zum Anhalt dienen, dass der Antheil Sondershausen's daran nach dem Verhältniss der Bevölkerung der gedachten Provinzen zur Bevölkerung der eingeschlossenen Unterherrschaft Sondershausen berechnet werden sollte: der Fürst erhielt vom 1. Januar 1819 an jährlich etwa 15000 Thaler Pr. Ct.

[158]) Vertrag mit Schwarzburg-Sondershausen, Art. 1.

[159]) Ebendas., Art. 3.

[160]) J. G. Hoffmann, a. O., S. 349.

[161]) Ranke, a. O., S. 99. 100.

wurde sorgfältig berücksichtigt. Schwarzburg-Rudolstadt erlangte für die Erzeugnisse von Rudolstadt, obwohl diese Residenz nicht enclavirt und in dem Vertrage nicht mit begriffen war, für grobe Eisen- und Stahlwaaren, Glas, Töpferwaaren und Leinenzeug freien Eingang in Preussen bis auf eine Quantität von 400 Thalern Abgabenwerthes.

Aber in jeder andern Enclave fanden sich andre Landesinteressen, andre Hindernisse. Konnte jene nicht ebenso berücksichtigt, diese ebenso sanft hinweggeräumt werden? Es war eine mühselige Arbeit. In dem Gelingen liegt nichts Blendendes, die Phantasie Erregendes. Es war eine Arbeit wie um das liebe Brot, im Schweisse des Angesichts. Auf ihr ruhte der Segen.

War nur erst das Princip durchgedrungen, so bekam dieses stille Wirken den Anspruch auf die höchste Anerkennung; es verdiente im wahrsten Sinne des Worts die Bürgerkrone. Ein echt nationales Werk war im Entstehen. Denn ist nur Dasjenige national und deutsch, was alles Deutsche zusammenfasst? ist nicht auch das Einzelne, das dem Ganzen dient, ein „Nationales"? Unser Sprachgebrauch leidet heute noch an grauenhafter Ueberschwänglichkeit. Die schwarzweissen Fahnen, die bei Fehrbellin, Turin, Rossbach geweht, die von Grossgörschen bis zu den Höhen des Montmartre der Freiheit Deutschlands eine Gasse gebahnt, die bei Waterloo zur rechten Stunde sich entfaltet und jüngst im Siegessturm des alten „Vorwärts" nach der Insel Alsen über Meer flatterten, sie sind deutsche Fahnen, Symbole der Grösse des deutschen Namens. Wie Viele, die doch Deutsche sein wollen, verkennen das?

Nach und nach folgten die Souveräne der übrigen Enclaven dem Beispiel der Enkel des Kaiser Günther. Am 27. Juni 1823 schloss Karl August von Sachsen-Weimar-Eisenach den Staatsvertrag mit Preussen wegen der enclavirten Aemter Allstädt und Oldisleben: um sie nicht zu benachtheiligen, behielt sich der Grossherzog darin vor, für die aus denselben nach dem Auslande transitirenden Branntweine — ich erinnere an die obige Darlegung — den Exportanten eine ihm angemessen scheinende Steuervergütung zu bewilligen. Mit Lippe-Detmold kam man am 17. Juni 1826 wegen Lipprode, Cappel und Grevenhagen überein, unter die zu theilenden Einkünfte auch die der Maisch- und Braumalzsteuer zu begreifen; die in seinen Enclaven fungirenden Steuerbeamten wurden beiden Landesherren verpflichtet. Dasselbe erlangte Mecklenburg-Schwerin am 2. Dezember 1826 für Netzeband und Rossow;

„sehr stabiler Natur wie es ist", sagt Ranke, [10]) bedang es sich überdies aus, dass der Eingang solcher Gegenstände, die beim Abschluss des Vertrages abgabefrei waren, dies für den Verkehr des Grossherzogthums mit den Enclaven auch in dem Falle bleiben sollte, dass der Tarif künftig hierin eine Abänderung erführe.

Namhafte Schwierigkeiten zeigten sich in Bezug auf die souveränen Besitzungen des Hauses Anhalt, welche seit der neuen Begrenzung Preussens gegen das Königreich Sachsen (in Folge des Vertrags vom 18. Mai 1815) so ganz von preussischem Staatsgebiet umschlossen sind, dass nur auf einer Strecke von ungefähr einer Meile das abgesondert liegende Bernburger obere Herzogthum an das herzoglich braunschweigische Fürstenthum Blankenburg grenzt. Von den Zerwürfnissen mit Anhalt, von dem Versuch des Herzogs von Köthen, auf den Wiener Conferenzen „das preussische Zollsystem zu stürzen", von seinem kleinen Triumph in Betreff der Flussschiffahrt, von seiner späteren Beschwerdeführung am Bunde, die dann zurückgenommen wurde, ist auf diesen Blättern mehrfach die Rede gewesen. Und ehe der Herzog von Köthen sich wider Willen willig finden liess, das Unvermeidliche mit Würde oder auch würdelos zu tragen, vergingen noch Jahre — ein volles Decennium seit der preussischen Zollreform: mittlerweile blutete sein Land, natürlich nicht um seines Eigensinns willen, sondern als ein Opfer der preussischen Politik; denn der Herzog war ja Souverän und Niemand konnte von ihm fordern, dass er solchen Vertrag schloss! Niemand, ausser seinem eignen Gewissen, das an die Pflichten eines Souveräns hätte mahnen sollen.

Am 10. October 1823 schloss sich Anhalt-Bernburg an das preussische Zollsystem an, doch nur mit seinen abgesondert liegenden Besitzungen, nämlich dem Amte Mühlingen u. s. w. Sein unteres Herzogthum lag zu den Besitzungen von Dessau und Köthen so, dass seine Absonderung von diesen sehr beschwerlich und kostbar werden musste. Es ist zu bemerken, dass das sog. obere und untere Herzogthum keineswegs enclavirt sind. Gleichwohl trat Bernburg, nach dreijähriger Erfahrung, durch den Vertrag vom 17. Juni 1826 auch für das untere Fürstenthum dem preussischen Zollsysteme bei. In der Einleitung zu diesem Vertrage wird ausdrücklich auf die von beiden Theilen gewonnene Ueberzeugung,

---

[10]) a. O., S. 101.

dass durch den früheren Anschluss die beabsichtigten Zwecke, Belebung des gegenseitigen Verkehrs und festere Begründung freundnachbarlicher Verhältnisse erreicht worden seien, als auf den Beweggrund der neuen Uebereinkunft Bezug genommen. Bei dieser Erweiterung änderten sich die Bestimmungen. Da die Zolllinien jetzt an die Grenzen des Herzogthums rückten, so erlangte dies auch einen Antheil an den Transitgefällen, den man ebenmässig nach dem Verhältniss der Seelenzahl berechnete. Die Besetzung der Zolllinien ward an Preussen überlassen; die Ernennung der Zolleinnehmer blieb bei Anhalt-Bernburg; auch die übrigen von Preussen ernannten Beamten leisteten beiden Landesherrn den Diensteid; an den Hebestellen sah man die Wappen von Preussen und Anhalt-Bernburg. [163])

Vielleicht übte auf Bernburg eine dynastische Beziehung wohlthätig; die Tochter des Herzogs war einem Neffen des Königs vermählt; indessen bestand dieses Familienband bereits seit dem 21. November 1817. Dagegen war der Köthner Herzog mit dem Souverän des Freiherrn von Marschall, mit Nassau verschwägert! Dessau schloss jedoch keinen Tag früher ab, als Köthen, wenn auch eine preussische Fürstin seit dem 18. April 1818 seine Herzogin war. Es ist ein eigen Ding mit den Verwandtschaften regierender Häuser; nur dürfen sie nicht ganz ausser Acht gelassen werden.

Endlich am 17. Juli 1828 traten auch die Dessauer und die Köthener Linie des Hauses Anhalt [164]) mit ihren sämmtlichen souveränen Besitzungen dem preussischen Zollverbande bei. [165]) Erst am 24. Juli 1830 Oldenburg für das Fürstenthum Birkenfeld. Somit waren seit der Einführung des Gesetzes vom 26. Mai 1818 mehr als zehn Jahre verflossen, bis die Souveräne der meisten im preussischen Staate gänzlich eingeschlossnen Landestheile sich bewogen gefunden hatten, dem preussischen Zollsysteme beizutreten. Sie erlangten durch diese Verträge zwei sehr wesentliche Vortheile: nämlich freien Verkehr ihrer Unterthanen im ganzen Umfange des preussischen Staats und einen nach dem Verhältnisse der Volkszahl dieser Enclaven berechneten Antheil an dem Einkommen Preussens aus den Verbrauchssteuern von ausländischen Waaren. Für

---

[163]) Vertrag für das obere Herzogthum vom 17. Juli 1826, Art. 2—4, 8—11. Ranke, a. O. S. 101. 102.
[164]) Der Herzog von Anhalt-Köthen mit einer Erklärung, die von seinem Widerwillen keinen Hehl machte, als handle er nothgedrungen.
[165]) J. G. Hoffmann, a. O., S. 330.

Deutschland aber war es ein Gewinn, dass die ganze Masse der kleinen Gebiete, welche die preussische Grenze umschliesst, mit wenigen Ausnahmen zu einer wesentlichen und volksthümlichen Einheit gebracht war. Denn gesagt will es auch heute noch sein: Alles, was die deutsche Einheit verstärkt, nicht nur im Ganzen und Grossen, sondern auch im Kleinen und Einzelnen, ist ein Gewinn für Deutschland. Freilich sind wir heute noch kaum soweit, uns darüber klar zu werden, dass die Staatseinheit von neunzehn Millionen Deutschen — mit andern Worten Preussen — ein Gewinn für die Nation ist. Ich wüsste, abgesehen von der Reformation im 16. Jahrhundert, keinen grösseren der deutschen Volksgeschichte. Denn ohne diesen wären wir ohne Zweifel Alle noch heute Unterthanen Frankreichs und unsre Schleswig-Holsteiner die Knechte des Dänen.

Zehn Jahre mühevollen Ringens und Strebens, von 1818 bis 1828, und kein andrer Erfolg, als die Einführung des preussischen Zollsystems in den kleinen Enclaven? Wir können Geduld lernen. Dauernde Erfolge kämpfen sich langsam durch; wer die Geduld verliert, verliert die Aussicht auf Erfolg; wer ausharret, wird gekrönt. — [146])

Noch immer bestand aber, nachdem die schreienden Missverhältnisse der Enclaven ausgeglichen waren, die Scheidewand, welche die preussische Zollreform zwischen Preussen und dem übrigen Deutschland aufgerichtet hatte. Nur in Bezug auf einen kleinsten Theil des Vaterlandes war auch sie gefallen, in Bezug auf Anhalt-Bernburg. Allerdings in einer Weise, die „keinem Staate zugemuthet" werden durfte. Bernburg war in Steuergemeinschaft mit Preussen getreten. Dies war offenbar „unanwendbar" auf irgend einen andern deutschen Staat. Am allerwenigsten durften Anträge zu solchen Verhandlungen von Preussen ausgehen. Nicht blos das Zartgefühl, das übrigens in politischen Dingen seine volle Berechtigung hat, schloss den preussischen Staatsmännern den Mund,

---

[146]) Ranke, a. O., S. 109. Hatte man die Landmarken geschlossen, so blieben doch die Flüsse offen. Eine völlig unbeaufsichtigte Elbschifffahrt hätte z. B. die Anhaltinischen Unterthanen förmlich eingeladen, die preussischen Einrichtungen guten Theils illusorisch zu machen; es würde sich bei ihnen eine höchst verderbliche Schmuggelei festgesetzt haben. Schon deshalb war es nötig, mit den Flussschifffahrtsverträgen ins Reine zu kommen. Die Elbverhandlung bot grosse Schwierigkeiten dar; sie haben bis in diese Zeiten fortgedauert. Durch den Dresdner Vertrag vom 23. Juni 1823, wie durch die Hamburger Revisionsacte vom 8. Juni 1825 wurden sie damals nicht überwunden. Aber das preussische Zollsystem, das dabei manche Gefahr zu bestehen hatte, wurde, wenn auch mit Mühe und Noth, gewahrt und befestigt.

sondern auch eine Rücksicht der Klugheit. Wenn Verträge jemals geschlossen werden sollten, des Inhalts, dass der andre Staat sich an das preussische Zollsystem einfach anschlösse, so konnten sie nur möglich werden, indem der andre Staat darin seinen Vortheil erblickte. Man überredet aber selten einen Menschen, in demjenigen, was auch uns nützt, seinen Vortheil zu finden. Die Initiative musste den andern Staaten überlassen werden; ergriffen sie dieselbe nicht, so war überhaupt die ganze Sache ohne Aussicht. Das eigenste Werk Preussens konnte Preussen nimmermehr betreiben. Es ist daher kein einziger Antrag von Preussen gestellt worden; das erste Anerbieten, das an Preussen erging [167]) und das allerdings in ziemlich unbestimmter Form auftrat, obenein von einem Staate, der zum Anschluss an das Zollsystem nur zum Theil bequem lag, ist nichts weniger als freudig begrüsst, sondern ebenso unbestimmt, wie es gestellt war, beantwortet worden; eine Hoffnung auf Verständigung schien gar nicht vorhanden. Diese ganze Haltung war durch die Lage der Dinge geboten; wäre sie nicht strenge eingehalten worden, so würde nichts zu Stande gekommen sein; die Hoffnungslosigkeit war aber wohl eine begründete: welcher Politiker wollte hoffen da, wo ein Erfolg einzig und allein von freiwilliger, entgegenkommender Entschliessung einer Mehrheit deutscher Regierungen abhängt?! Jener deutsche Staat, von welchem das erste Anerbieten eines Anschlusses an das preussische Zollsystem ausging, hatte keine Enclaven in Preussen; er handelte aus freiestem Antrieb. Es war Hessen-Darmstadt, Miturheber des Vertrags vom 19. Mai 1820.

Blicken wir zurück auf die Zeit der Wiener Conferenzen. Sollten sie doch auch in Bezug auf den Artikel 19 nicht so ganz resultatlos verlaufen sein. Denn der Vertrag vom 19. Mai 1820 war dort unterzeichnet worden. In Darmstadt waren darauf schon am 13. September 1820 die Bevollmächtigten der Staaten Bayern, Württemberg, Baden, Hessen-Darmstadt, Nassau, Sachsen-Weimar, der übrigen sächsischen und der reussischen Fürstenthümer, später auch die von Kurhessen, Waldeck, beider Hohenzollern, die sich nachträglich dem Wiener Vertrage angeschlossen, [168]) zusammengetreten, um den Vertrag in Vollzug zu setzen. Wir erinnern an die Aussichten, die man in Wien an

---

[167]) Im März 1820.
[168]) G. Fischer, a. O., S. 349.

diesen „Handelsverein" geknüpft hatte. Wir erinnern aber auch an die Auffassung des Grafen Bernstorff in seinem ersten Bericht an König Friedrich Wilhelm III. vom 29. Januar 1820.[169]) Seine Prognose hat sich bestätigt. Zwar war sie scheinbar widerlegt durch das Zustandekommen des Vertrags vom 19. Mai, durch die Eröffnung der Darmstädter Verhandlungen. Und wie sollten diese nicht gelingen, denen das Genie von Nebenius zur Verfügung stand, bei denen das „Hauptbinderniss der allgemeinen deutschen Handelseinigung", die preussische Handelspolitik nicht im Wege stand? Gleichwohl ging Bernstorffs Prophezeiung in Erfüllung. Es ist ein lehrreicher Hergang. Wir entnehmen daraus die Gewissheit, sofern sich in solchen Verhältnissen nur überhaupt eine Gewissheit erlangen lässt, was im Wege des Artikel 19 aus dem Handel und Verkehr unsres Volkes geworden wäre. Nein, von allgemeinen Verhandlungen unter den verschiednen Staaten, von gemeinschaftlichen Verabredungen im Voraus liess sich hiefür nichts erwarten, da der Gegenstand allzutief mit dem Haushalt jedes einzelnen zusammenhing.[170]) Wer eine deutsche Sache nur insoweit als deutsch gelten lässt, als er eine Betheiligung aller deutschen Staaten wahrnimmt, wer für Verträge im nationalen Sinn nur da die Berechtigung erblickt, wo die Gesammtheit übereinkommt, der muss hier einsehen lernen, dass, wenn seine Willensrichtung die entscheidende gewesen wäre, das deutsche Volk auf handelspolitische Einigung durchaus hätte verzichten müssen.

Immer weiter gingen zu Darmstadt die Ansichten auseinander. Am ehesten stimmten Bayern und Württemberg überein. Die kleineren Staaten, theils an einem Ergebniss verzweifelnd, theils durch das vorgeschlagne Stimmenverhältniss in dem projectirten Handelsverein benachtheiligt, begannen zurückzutreten. Es kam zu keiner Verständigung.[171])

Vergebens bemühte sich noch im November 1822 der Württembergische Minister von Wangenheim, dessen Charakterbild uns neuerdings Heinrich von Treitschke's Meisterhand gezeichnet hat, durch Vermittlungsvorschläge eine Ausgleichung zu bewirken. Hessen-Darmstadt, mit Rücksicht auf seinen Landtag, wünschte im Februar 1823 dringend eine Beschleunigung des Abschlusses. Bayern zauderte. Da sagte sich am 5. Juli 1823 Hessen-Darmstadt förmlich von den

---
[169]) Vgl. oben, S. 70; die Worte mögen an dieser Stelle erwogen werden.
[170]) Ranke, a. O., S. 124.
[171]) G. Fischer, a. O., S. 350.

Verhandlungen los. Es wollte der im August zu berufenden Ständeversammlung ein eignes Zollsystem vorlegen. Nach Vollendung desselben gedachte es, die Unterhandlungen über eine Vereinbarung wieder aufzunehmen. So zerstob der Verein der Contrahenten vom 19. Mai 1820! Es waren die Vorkämpfer des Artikel 19, die sodann gegen den Geist desselben, wie sie ihn verstanden, eine besondre handelspolitische Gesammtmacht zu begründen gedacht, welche thun konnte, was Preussen gethan. Aber diese Gesammtmacht kam nicht zu Stande und eines der Mitglieder — dasselbe, welches die Idee des für Preussen gefährlichen Sonderbundes zuerst gehegt — handelte nun genau so als einzelner Staat, wie der Staat Preussen, der darob verurtheilte, gehandelt hatte: Hessen-Darmstadt legte Hand an ein Hessen-Darmstädtisches Zollsystem und wollte nach Vollendung desselben weiter mit sich reden lassen.

Im Jahr 1825 begannen zwischen Bayern, Württemberg, Baden, Hessen-Darmstadt zu Stuttgart neue Verhandlungen.[172]) Diese sind nicht ohne Bedeutung: Der Vorschlag Hessen-Darmstadt's, eine gemeinschaftliche Verwaltungsbehörde für das Zollwesen nicht einzuführen, welche Nebenius, der später darüber anders dachte, in seiner Denkschrift von 1819 vorgeschlagen,[173]) sondern jedem Staate die selbständige Zollverwaltung nach Vorschrift verabredeter Gesetze und unter angemessener Controlle zu überlassen, ist von bleibendem Werth. Sein Grundgedanke eröffnete die Aussicht auf Ermöglichung dessen, was sonst wohl nie zu verwirklichen gewesen wäre. Aber einen praktischen Erfolg hatten auch die Stuttgarter Verhandlungen nicht. Dass Baden sie scheitern machte, indem es den von Bayern vorgeschlagnen hohen Zolltarif verwarf, war ein Glück. Nebenius, welcher abermals diesen Staat vertrat, wurde dabei von der festen Ueberzeugung geleitet,[174]) „dass, wenn der süddeutsche Verein mit Einschluss Badens zu Stande gekommen wäre und mit hohen Schutzzöllen nur zehn Jahre in seinem beabsichtigten Umfang, mit einem Markte von 9—10 Millionen Einwohnern bestanden hätte, eine Vereinigung mit dem nördlichen Deutschland,

---

[172]) Ebendas., S. 351.
[173]) C. F. Nebenius, Denkschrift für den Beitritt Badens, Carlsruhe 1833, Anhang, S. 24: „Aufstellung einer gemeinschaftlichen, von der Bundesversammlung abhängigen Verwaltung." Dass Nebenius diesen seinen Gedanken 1833 verwarf, sagt er in der Anmerkung am Schluss; Anhang, S. 32.
[174]) Beck, a. O., S. 56.

namentlich mit Preussen und Sachsen die grössten Schwierigkeiten gefunden haben würde." „Dieses Ziel", sagt Nebenius, „die Bildung eines grossen Vereins, musste aber stets im Auge behalten werden, wenn etwas wirklich Grosses und für die deutsche Nation wahrhaft Nützliches zu Stande kommen sollte."

Wohl, es war dasselbe Ziel, das man im Auge gebabt, als man die Erfüllung des Artikel 19 verlangte und das preussische Zollsystem befehdete. Aber wie grundverschieden war jetzt in den erleuchteteren Köpfen die Ansicht von den Wegen zu diesem Ziel. Die Ansicht von den Wegen zum Ziel ist aber entscheidend für die Erreichung desselben.

Nebenius[175]) erschrak nicht, als der Bayerische und Württembergische Commissar ihm zu Stuttgart erklärten: „wenn Baden abtrete, so würden Bayern und Württemberg sich vereinigen". Nebenius erschrak nicht, als der Hessische Bevollmächtigte erklärte: „Hessen würde suchen, sich mit Preussen zu vereinigen." Der grosse Staatsmann sagt: „Ich war froh darüber, weil ich voraussah, dass die Erfahrung weniger Jahre genügen werde, das Bedürfniss einer grossen Vereinigung recht fühlbar zu machen und als unabweisliche Nothwendigkeit zu erkennen."

Bayern und Württemberg (nebst den Fürstenthümern Hohenzollern, die durch Vertrag vom 24. Juli 1824 sich dem Württembergischen Zollsystem angeschlossen hatten) begründeten durch Staatsvertrag vom 18. Januar 1828 ihren „Bayerisch-Württembergischen Zollverein", der am 1. Juli 1828 ins Leben trat, in welchen jedoch erst später, nachdem es durch Verordnung vom 23. November 1829 seine Zolllinie erhalten, Rheinbayern aufgenommen wurde. Die beiden süddeutschen Königreiche mochten nun Erfahrungen sammeln und die Lebensinteressen ihrer Bewohner immer richtiger würdigen lernen.

Hessen-Darmstadt aber reichte dem preussischen Staat die Hand zum Bunde. Der Staatsvertrag vom 14. Februar 1828 begründet den preussisch-Hessendarmstädtischen Zollverein, der an demselben 1. Juli, wie jener süddeutsche, zur Ausführung kam, nachdem die Hessische Ständeversammlung dem „Löwenvertrage", so nannte ihn ein Redner, zugestimmt hatte. Die Volksstimme war dem neuen Zollverein weder in Preussen, noch in Darmstadt gewogen: die Hessen argwöhnten Uebervortheilung und gefährliche politische Tendenz, über-

---

[175]) Ebendas.

dies Schmälerung des Steuerbewilligungsrechts, während die Preussen ihre Regierung einer sentimentalen Uneigennützigkeit ziehen, und darauf hinwiesen, dass die Zollgrenze nicht etwa vereinfacht, sondern verlängert, also die Verwaltungskosten vermehrt worden,[116]) eine finanzielle Einbusse für Preussen unvermeidlich sei. Die Volksstimme war hier allerdings nicht Gottes Stimme. Es gibt Fälle, wo Viele nicht weiser sind als Wenige.

Das war der Anfang einer grossen volkswirthschaftlichen Bewegung, deren Bedeutung heute nirgend verkannt wird, ein segensreicher Anfang.

Wiewohl geschichtlich beglaubigt, möchte dieses Ereigniss, je mehr wir auf die Vorgeschichte des deutschen Zollvereins eingegangen sind, uns um so unglaublicher dünken.[177]) Die preussische Zollgesetzgebung von dem Grossherzogthum Hessen angenommen! beide Staaten von Einer Zolllinie umschlossen, Ausgleichungsabgaben in Hinsicht der innern Verbrauchssteuern eingeführt — die Zollverwaltung der Hessischen Regierung zu selbständiger Leitung überlassen, aber ganz auf preussischen Fuss gesetzt! Die Theilung der reinen Zolleinkünfte erfolgt nach der Seelenzahl; alle Tarifänderungen und Anordnungen in Betreff des Zollwesens, alle Handelsverträge mit andern Staaten, sofern Hessens und der westlichen preussischen Provinzen Interesse davon berührt wird, an die beiderseitige Zustimmung gebunden. — — Und in den ersten 16 Monaten des neuen Zollvereins wiesen die grossherzoglichen Zollcassen eine Mehreinnahme gegen früherhin im Betrage von ungefähr 400,000 Gulden auf.[118])

Aber man darf nicht annehmen, dass gleich von den Zeitgenossen der nationale Werth dieses grossen Fortschritts deutscher Handelspolitik richtig gewürdigt worden. Preussen hatte bei der Anknüpfung der Verhandlungen nicht den ersten Schritt gethan, hatte Darmstadt, das die Initiative ergriff, an sich kommen lassen und dann allerdings hatten sich Wünsche und Interessen ausgleichen lassen. Dennoch war die deutsche Welt voll von den gefährlichen politischen Absichten Preussens. Noch hatte jene Auffassung der Stellung Preussens in Betreff der Handelssache, wie sie auf den Wiener Conferenzen die allgemeine gewesen war, sich nicht überlebt; noch galt die preussische

---

[116]) G. Fischer, a. O., S. 358. Nebenius in der deutschen Vierteljahrschrift, a. O., S. 358.
[117]) G. Fischer, a. O., S. 357.
[118]) Ranke, a. O., S. 123.

Handelspolitik als das Haupthinderniss einer deutschen Handelspolitik. Jene erstre war durch den Anschluss Hessen-Darmstadts verstärkt, folglich war dadurch die letztre augenscheinlich bedroht.

Noch einmal erhob sich das alte Feldgeschrei gegen Preussen! Heftiger sogar, als im Jahr 1819. Denn damals galt es, die Zollreform in Preussen unter Anrufung des Artikel 19 rückgängig zu machen: jetzt hatte man sich schon vorzusehen, dass jenes Zollsystem nicht noch weiter Propaganda machte, dass man nicht etwa gezwungen würde, sich gleichfalls ihm zu unterwerfen. Am 21. Mai 1828 trafen die Bundestagsgesandten einer grossen Anzahl nord- und mitteldeutscher Staaten die erste Abrede; am 18. August 1828 begannen zu Kassel Verhandlungen zwischen Hannover, Sachsen, Grossherzogthum Sachsen, den Sächsischen und andern Thüringischen Fürstenthümern, Kurhessen, Oldenburg, Braunschweig, Nassau, Hessen-Homburg, Bremen, Frankfurt a. M. Die Verhandlungen waren von Erfolg gekrönt: denn sie waren wesentlich negativer, polemischer und ganz allgemeiner Natur. Am 24. September 1828 kam ein Vertrag auf sechs Jahre zu Stande. Er schuf den sog. mitteldeutschen Handelsverein. In ihm lebt die alte Agitation für den Artikel 19 der Bundesacte wieder auf. Er ist daher deutsch, „reindeutsch" und tritt den Sonderbestrebungen dräuend gegenüber. Dabei findet freier Eingang von einem der vereinigten Staaten in den andern nur für Getreide, das zu Markt gefahren wird, für Heu, Stroh, Brennholz, Steinkohlen, Kartoffeln statt — alle andern Artikel bleiben den in jedem Staate bestehenden Eingangsabgaben unterworfen: aber der Zweck der Vereinigung ist der alte grossartige, den 19. Artikel der Bundesacte zu verwirklichen und den freien Verkehr d. h. einen möglichst freien Verkehr sowohl unter sich, als auch nach aussen zu befördern. Die Isolirung blieb, aber sie blieb unter dem nationalen Gesichtspunkt einer allgemeinen deutschen Handelsfreiheit! Diese wäre noch heute unser Ideal und jene noch gegenwärtig unsre Realität, wenn die preussische Zollreform unterlegen oder gar nicht zu Stande gekommen wäre.

Nun aber die Hauptsache — die Staaten des mitteldeutschen Handelsvereins gingen die Verpflichtung ein — abgesehen von ihren Enclaven — ohne ausdrückliche Einwilligung des ganzen Vereins mit keinem Staate, der nicht zu ihm gehöre, in einen Zoll- oder Mauthverband zu treten.

Dies war die wahre und die einzige Bedeutung der Kasseler Vereinigung: dass man sich gegenseitig behütete und bewahrte vor der Versuchung, in Bezug auf das Zollwesen preussisch zu werden! Und um einander hierin möglichst versichert zu halten, wurde nach einem Jahr, am 11. October 1829 ein neuer Vertrag geschlossen und hiedurch die Dauer des Vereins bis zum Jahr 1841 hinausserstreckt. Aber dieser Erstreckung auf weitere sechs Jahre traten schon einige Staaten nicht mehr bei und im Hinblick auf den Ablauf der sechs Jahre schlossen die Fürsten von Reuss am 9. December 1829 Verträge mit Preussen, später Sachsen-Weimar am 11. Februar 1831.

Im Innern blieb der Verein bildungsunfähig; daher bildeten sich Sondervereine innerhalb desselben; so verbanden sich Hannover, Kurhessen, Oldenburg, Braunschweig durch den Eimbecker Vertrag vom 27. Mai 1830.

Ehe dieser jedoch zur Ausführung kam, gelang es dem hochbegabten und patriotisch gesinnten Kurhessischen Staatsmann, Gerhard von Motz im Verein mit einer Reihe ausgezeichneter Männer Hessen's, in der Handelspolitik des Kurfürstenthums den Umschwung zu bewirken, in welchem die Katastrophe der gesammten Vorgeschichte des deutschen Zollvereins zu erblicken ist.

Es kann kein Zufall sein, dass Kurhessen es war, welches hier den Ausschlag gab. Die Zeit ist vielleicht nicht allzufern, wo dieses Land in ganz analoger Weise wieder auftritt.

Kurhessen war es gewesen, das dem preussischen Zollsystem von 1818 zuerst den Fehdehandschuh hinwarf. Und die Fehde war ernst gemeint, kein Wortgefecht, kein Notenwechsel. Der Kurstaat eröffnete den Handelskrieg gegen Preussen, bis an die Zähne bewaffnet. Am 17. September 1819 war zu Kassel ein Gesetz erschienen,[179]) das im Eingang sich leidenschaftlich über die neuen preussischen Einrichtungen äusserte, das Bedürfniss von Retorsionsmassregeln hervorhob, das Recht dazu geltend machte, den Entschluss kundgab und Retorsionen sofort ins Werk setzte. Es erhöhte die Abgaben einer ganzen Reihe preussischer Produkte und Fabrikate (Baumwollenwaaren, Branntweine, Filzhüte, Leder-, Seiden-, Halbseidenwaaren, Eisen- und Stahlwaaren) unverhältnissmässig,[180]) verbot die Einfuhr von andern Artikeln aus Preussen gänzlich, setzte

---

[179]) Ranke, a. O. S. 108. 109.
[180]) Der Nettoertrag der erhöhten Abgaben sollte zur Unterstützung Hessischer Fabrikanten angelegt werden, ,,die durch das preussische Zollsystem an den Bettelstab gebracht worden.''

auf Hessischen Pfeifenthon, der für einige benachbarte preussische Fabriken kaum entbehrlich war, einen beträchtlichen Ausgangszoll und fügte Preussen wirkliche Nachtheile zu, so dass einige preussische Fabrikplätze schwer zu leiden hatten — u. A. Erfurt, das gar nicht einmal innerhalb der preussischen Zolllinie, also ganz unschuldig war. In Berlin dachte man einen Augenblick an Repressalien, aber man liess den Gedanken fallen; es kam nicht einmal zu eigentlich officieller Remonstration. Der preussische Gesandte in Kassel äusserte sich vertraulich und vornehm über das Gefährliche eines solchen Beginnens und über dessen totale Zwecklosigkeit. Daraus entstand eine Art von Verlegenheit: wie man nämlich mit Anstand wiedereinlenken könnte. Ein Vorwand fand sich — allgemeine Revision des Zolltarifs; die Retorsionsmassregeln verschwanden: nur in Betreff einer erhöhten Besteuerung preussischen und aus Preussen kommenden (selbst niederländischen) Sohlleders blieb man unversöhnlich.

So hatte Kurhessen den Vernichtungskampf gegen das preussische System eröffnet. Auf den Wiener Conferenzen hatte dann Kurhessen's Weigerung, dem Sonderbunde beizutreten, diesen im Entstehen beinah erstickt;[101] ohne Kurhessen war er auf Bayern angewiesen, von Bayern abhängig und wurde so inhaltlos und unverbindlich wie man in München wünschte. Ferner war der mitteldeutsche Verein in Kassel geschlossen; Kurhessen, seiner ganzen Lage nach, war für die feindselige d. h. alleinige Tendenz desselben der Kern und Mittelpunkt. Als Kurhessen sich von ihm lossagte, alle diese künstlichen Fesseln abschüttelte, es sogar darauf ankommen liess, dass seine bisherigen Vereinsgenossen ihm den Process machten,[102] da war es um den mitteldeutschen Verein geschehen! Kurhessen hat ihn gesprengt.

Der Vermittlung Cotta's war es gelungen, — ganz im Sinne seines Freundes Nebenius und auf den Wunsch König Wilhelm's von Württemberg — die erste Annäherung der beiden Zollvereine zu bewirken, in dem Handelsvertrage vom 27. Mai 1829. Nun veränderte aber Kurhessen's Vereinigung mit Preussen und dem grossherzoglichen Hessen das gesammte Verhältniss des Südens und Nordens. Kurhessen verband die getrennten Theile des preussischen Staats und vollendete dadurch die materielle Verschmelzung der Millionen Deut-

---

[101] Bericht des Freiherrn v. Fritsch vom 19. März 1830.
[102] Hannover, Braunschweig, Oldenburg, Nassau, Bremen, Frankfurt verklagten den Kurstaat wegen Vertragsverletzung. G. Fischer, a. O., S. 307.

schen, die sich Preussen nennen; es bildete zwischen den beiden Zollvereinsgebieten die feste Brücke. Das fehlende Mittelglied war gefunden. Und einem „mitteldeutschen" Verein war fürder nicht mehr möglich, weder sich zwischen die beiden Zollvereine zu schieben, noch den preussischen Staat in Stücke zu reissen.

Bald nach der Katastrophe, die Kurhessen herbeigeführt, begannen die Unterhandlungen zwischen dem Süden und Norden, welche mit dem Vertrage vom 22. März 1833 abschlossen, mit der Vereinigung der beiden Zollverbände zu Einem grossen deutschen Zollverein.

Und Artikel 19 der Bundesacte? Wohl — risum teneatis amici — am 24. Mai 1832 hat Hannover am Bundestage die Vollziehung des Artikel 19 der Bundesacte beantragt!

Soweit „aus der Vorzeit des Zollvereins". Worte von Leopold Ranke mögen den Abschluss dieser Betrachtungen einleiten:[113])

„Und hier sind wir auf einen Punkt angekommen, von dem sich eine grosse Aussicht vor uns ausbreitet. In welch' eine unselige Nichtigkeit und Abhängigkeit von dem Ausland war der deutsche Verkehr durch die zusammenwirkenden Erfolge des napoleonischen Systems, der Kriege und des Friedens gerathen! So thätig und gewerbsam die Nation sein mag, so war doch ohne eine festere Stellung gegen das Ausland, ohne befreiende innere Maasregeln eine wahrhafte Ermannung nicht möglich und alle Bemühung zur Hülfe vergeblich.

„Von allgemeinen Unterhandlungen unter den verschiednen Staaten, von gemeinschaftlichen Verabredungen im Voraus liess sich indess hiefür nichts erwarten, da der Gegenstand allzutief mit dem Haushalt jedes einzelnen zusammenhing.

„Durch diese Lage darauf angewiesen, durch seine Bedürfnisse genöthigt, griff endlich Preussen auf eigne Hand, für sich allein zu rettenden Maasregeln. Was die tiefsten Geister, die sich je mit Staatswirthschaft beschäftigt, in reiner Anschauung der Realität der Dinge gefunden und gelehrt, hatte Preussen unter allen Staaten zuerst den Muth, zur Ausführung zu bringen. Solange sich die fremden Staaten nicht zur Reciprocität verstanden, musste es sich ihnen freilich noch immer entgegensetzen; aber wesentlich adoptirte es die

---

[113]) Ranke, a. O., II, 123.

Grundsätze eines freien innern Verkehrs, eines freien Handels nach Aussen. Diese Grundsätze erprobten sich in ihrem Erfolg über alle Erwartung.

„Allerdings trennte es sich hiermit zugleich von dem übrigen Deutschland; es sonderte sich selbst von seinen Nachbarn mit Entschiedenheit ab; und die innere Trennung von Deutschland schien damit eher zu wachsen. Aber gerade in dieser Stellung lag die Möglichkeit einer Abhülfe des vornehmsten Uebels. Es gab ein Mittel, durch welches man sich mit Einem Male sowohl der innern Trennung entledigen als in eine respectable Verfassung gegen das Ausland setzen konnte: man brauchte sich nur dem preussischen System anzuschliessen; dazu bot Preussen die Hand.

„Oder wäre dies System darum nicht anzunehmen, weil es nicht durch gemeinschaftlichen Beschluss zu Stande gekommen, sondern von einem einzelnen Staat ausgegangen war?"

Auf den Wiener Conferenzen ist es lebhaft bekämpft worden. Und zwar von den Patrioten. Die redlichsten Fürsten, die einsichtigsten Staatsmänner stimmten hierin überein. Aufrichtig erstrebte man die handelspolitische Einigung: die Weisung Karl August's von Sachsen-Weimar an seinen biedern Bevollmächtigten haben diese Blätter mitgetheilt,[184]) wie hier auch die Gesinnungen der Souveräne von Baden, Bayern, Württemberg, Coburg angedeutet worden.[185]) Das preussische Zollsystem galt Allen, Allen ohne Ausnahme als das Haupthinderniss deutscher Einheit. Wie schmerzte die Freunde des Vaterlandes das Vergebliche eines jeden Bestrebens, den preussischen Eigenwillen zu brechen! Ein hoffnungsloser Anblick war es, an dem Felsen des preussischen Zollsystems die „Erfüllung des Artikel 19" scheitern zu sehen!

---

[184]) „der Punkt wegen des zwischen den einzelnen Bundesstaaten zu erleichternden Handels und Verkehrs als eine unerlässliche Bedingung der Einheit Teutschlands" ......
„auf das Ernstlichste dahin zu streben, dass mit Aufhebung aller Sperrungen durch Zoll- und Mauthlinien in dem Innern Teutschlands die Aus- und Eingangszölle an die Grenzen des Bundes verlegt werden."

[185]) Ein norddeutscher Herzog instruirte am 4. November 1810 seinen Bevollmächtigten: „Der Handel ist die Seele des Ackerbaus und dieser die Kraft des Staates, er verdient also alle Unterstützung. Der Handel sollte aber geleitet werden und die Balance für uns stellen. Deutschland nimmt mit Gutmüthigkeit alle fremde Produkte auf und sieht die seinen in der Fremde verbieten. Dies sollte nicht geduldet werden. Allein im Innern sollten meines Erachtens deutsche Produkte frei vertrieben werden können u. s. w."

„Hier steht die Bundeseinheit allerdings auf der Spitze", sagt am 7. Februar 1820 unser mitteldeutscher Staatsmann; „sind wir unbedingt selbständige Staaten, nur zum Schutz gegen äussere oder innere Feinde vereinigt, so kann jeder Staat übrigens in seinen Finanz- und Commerz-Angelegenheiten sich isoliren, wie er will; wollen wir eine gewisse Nationalität, ein Gesammtband anerkennen, so wird die Unabhängigkeit und Selbständigkeit in mehren Stücken beengt werden". Kummervoll sieht ein norddeutscher Fürst die von ihm früher gemachte Behauptung — am 4. März 1820 — bewahrheitet, „dass wir nicht glauben müssen, dass Gesetze Deutschland leiten können; wir sind organisirte Staaten selbst und unsre Fortschritte können dem Ganzen nach Beschaffenheit angepasst werden; wie sollte denn der Handel für ganz Deutschland sich anordnen lassen?"

Ist denn aber durch Gesetze Deutschland nicht zu leiten, so werden Verträge deutscher Staaten das Rettungsmittel sein. Graf Bernstorff, der preussische Staatsmann, deutet mit fester Hand darauf hin. Preussen ist geneigt, Verträge zu schliessen. „Besondre Vereinbarungen zur Erleichterung", berichtet ein norddeutscher Gesandter am 7. März, wären erreichbar: „da nun aber hier gemeinschaftliche Verabredungen bezweckt werden, so ist es einleuchtend, dass man die Hoffnung aufgeben muss"; „eine besondre freundschaftliche Negotiation mit Preussen", heisst es am 17. April, weise Anhalt entschieden von sich. „Verträge benachbarter Staaten zu vermitteln, solle allenfalls der Bundesversammlung zustehen", meint Graf Bernstorff, wie vom 19. Januar berichtet wird. Vom 23. Januar schreibt der mitteldeutsche Staatsmann über Preussen: „Es wiederholt das Anerbieten, vertragsweise allenfalls Modificationen einzugehen", sogar Modificationen seines Systems. Graf Bernstorff erblickt am 16. Januar seine Aufgabe in der Bemühung, die Gemüther über das preussische System „nach Möglichkeit zu besänftigen und die Ueberzeugung zu geben, dass Preussen sich zu keiner Zeit wird ungeneigt finden lassen, die Hände zu solchen billigen, auf gegenseitiger oder allgemeiner Convenienz gegründeten Ausgleichungen zu bieten, welche sich würden mit dem Bedürfniss seiner eignen Lage und den unbedingten Befugnissen der einzelnen Bundesstaaten vereinigen lassen."

Der Vertragsweg wird beschritten: von den Gegnern Preussens und in einer gegen sein System feindseeligen Richtung. Graf Bernstorff findet „nichts dagegen einzuwenden," „insofern dabei wirklich nur das Prinzip einer dem Interesse dieser Staaten gemässen Ausgleichung und Verabredung zu Grunde liegt." Aber er ahnt das Vorwiegen der Negation; und in der That will man sich miteinander verbinden, um als Verbindung Retorsion zu üben gegen das preussische Zollsystem; man erstrebt eine Vereinigung von Staaten, um gegen die Staatseinheit der Deutschen in Preussen wirksam einzuschreiten, um die grosse Reform von 1818 dort rückgängig zu machen: erst in zweiter Linie und in unbestimmten, matten Zügen, wandelbar und prinziplos macht das volkswirthschaftliche Interesse sich geltend. Und nichts liegt damals ferner, als Verträge mit Preussen, „dem Feinde der allgemein deutschen Handelspolitik".

Jetzt dürfen wir der Frage nicht ausweichen: lebte denn damals in Preussen irgend ein Gedanke an ein System von Verträgen, der auch nur den unscheinbaren Keim dessen enthalten hätte, was später zur Freude aller Patrioten geworden ist?

Die preussische Regierung selbst hat, als mit Baden über den Beitritt zum Zollverein unterhandelt wurde, in officieller Note vom 28. Februar 1833 Ehre gegeben, dem Ehre gebührt, und offen ausgesprochen: „Es muss dem Verfasser der badischen Denkschrift von 1819 zur grossen Genugthuung gereichen, wenn er aus den Verträgen der jetzt zu einem gemeinsamen Zoll- und Handelssystem verbundenen Staaten ersehen wird, wie vollständig nunmehr die Ideen ins Leben getreten sind, welche von ihm in seiner Denkschrift schon im Jahr 1819 über die Bedingungen eines deutschen Zollvereins gesagt und bekannt gemacht worden sind." Die preussische Regierung hat das Verdienst des grossen Badischen Staatsmannes anzuwundan anerkannt. Folgt daraus oder liegt darin das Bekenntniss, dass der preussischen Politik im Jahr 1819 ein solcher Gedanke fremd war?

Nebenius schreibt:[105] „Alles, was später nach dem Zustandekommen des Zollvereins von früheren Absichten und Einleitungen des preussischen Cabinets in Bezug auf eine deutsche Handelseinigung behauptet wurde, ist reine Erdichtung."

---

[105] Beck, a. O., S. 57. Vgl. auch Nebenius, in der Vierteljahrsschrift, a. O., S. 338: Bis zum Jahr 1827 wäre keine Hoffnung vorhanden gewesen, Preussen für die Sache eines grossen deutschen Zollvereins zu gewinnen.

Mit welchem Recht durfte, hiernach zu urtheilen, in der von König Wilhelm von Preussen unterzeichneten Urkunde, welche bei der Grundsteinlegung des Denkmals für Friedrich Wilhelm III. der Cultusminister Herr von Mühler am 17. März 1863 verlesen hat, ausdrücklich kundgegeben werden: „der Zollverein, des Königs eigenster Gedanke, krönte seine Bestrebungen für die materielle Wohlfahrt des Volkes und war die Freude und Ehre des Königs, der Sich als deutscher Fürst stolz fühlte und Seines Volkes Beruf für Deutschland nicht aus den Augen liess"? [157])

Scheint es nicht unumstösslich, dass man erst später aus der Erfahrung die Vortheile der subsequenten Vergrösserung des Zollgebietes über den Umfang der preussischen Länder hinaus näher kennen lernte? [158])

Nein, die Vortheile der „subsequenten Vergrösserung des Zollgebiets" über Preussen hinaus lernte man nicht erst später aus der Erfahrung kennen. Die preussischen Staatsmänner, die Gründer der Zollreform von 1818, der königliche Gesetzgeber selbst kannten sie im Jahr 1819. Gerade im Gegensatze zu der Idee einer durch gemeinschaftliche Berathung auf Grund des Artikel 19 zu erstrebenden deutschen Handelseinigung fasste die preussische Politik schon 1819 eben die subsequente Vergrösserung des Zollgebiets fest ins Auge. Es ist ein Plan, es ist ein Gedanke — und, will man dem Gesetzgeber nicht die gebührende Ehre versagen, unleugbar der Gedanke Friedrich Wilhelm III.

Der urkundliche Beweis ist in meinen Händen. Geprüft und genehmigt [159]) hat der König die Denkschrift des Staatskanzlers Fürsten Hardenberg vom 10. November 1819, welche dem Cabinets-Minister Grafen von Bernstorff als Instruktion für die Wiener Conferenzen ertheilt wurde. [160])

---

[157]) G. Fischer, a. O., S. 343.
[158]) Der Zollverein Deutschlands und die Krisis, mit welcher er bedroht ist. Braunschweig 1863. Heft 1 S. 28. Der Verfasser ist ein gründlicher Kenner des Zollvereins, der nicht zu den Gegnern Preussens gehört; vgl. G. Fischer, a. O., S. 343. Anm.
[159]) Die Königliche Cabinets-Order lautet: „Ich habe die von Ihnen mir vorgelegte Denkschrift über die Gegenstände, mit deren Berathung die in Wien versammelten Abgeordneten der deutschen Staaten sich beschäftigen wollen, geprüft und stimme den darin entwickelten Gesichtspunkten vollkommen bei. Indem Ich sie Ihnen anliegend zurückgebe, genehmige Ich, dass der Graf von Bernstorff, der in Meinem Nahmen jenen Verhandlungen beiwohnt, nach Ihrem Inhalt zu seiner Instruktion sich richte. Friedrich Wilhelm."
[160]) Die Denkschrift wurde am 30. November pr. Courier nach Wien abgesandt.

Friedrich Wilhelm III. erklärte ausdrücklich, Er „stimme den darin entwickelten Gesichtspunkten vollkommen bei". Darin heisst es wörtlich: „6) Erleichterung des Handels und Verkehrs zwischen den einzelnen deutschen Staaten.

Schon im Artikel 19 der Bundesacte ist eine Berathung darüber angeordnet, welche jedoch die Bundesversammlung noch nicht vorgenommen hat. Die Sache lässt sich nur mit grosser Vorsicht und Behutsamkeit behandeln, weil sie tief in die innere Finanz- und Gewerbeverfassung der einzelnen Staaten eingreift.

Die Anregung, welche dieselbe neuerlich durch viele Stimmen im Publikum erhalten hat, ist besonders von der Ausführung unsrer neuen Steuerverfassung ausgegangen.[191])

Zu gemeinsamen Anordnungen für ganz Deutschland ist der Zustand und die Verfassung der einzelnen Staaten nichts weniger als vorbereitet; auch wird jeder einzelne Staat die Garantie vermissen, dass die gemeinsamen Anordnungen in einem übereinstimmenden Sinn von allen gehalten werden.

Man kann daher die Sache nur darauf zurückführen, dass einzelne Staaten, welche durch den jetzigen Zustand sich beschwert glauben, mit denjenigen Bundesgliedern, woher nach ihrer Meinung die Beschwerde kommt, sich zu vereinigen suchen, und dass so übereinstimmende Anordnungen von Grenze zu Grenze weiter geleitet werden, welche den Zweck haben, die innern Scheidewände mehr und mehr fallen zu lassen." — — —

Ein sinnreiches Gedicht von Friedrich Hebbel bezeichnet allegorisch dieses Kapitel der deutschen Geschichte: der Taucher auf Meeres Grund fühlt einen Schmerz, eine unerträgliche Belästigung, wovon er frei zu werden sich sehnt; er steigt empor an das Licht des Tages und siehe da — was ihn geschmerzt und bedrückt und wovon er frei zu werden gewünscht, es war sein Athem, sein Leben. So empfanden in jenen Zeiten die deutschen Patrioten als ein Haupthinderniss allgemeiner Handelseinigung des Vaterlandes das preussische

---

[191]) Gesetz vom 26. Mai 1818.

System, das später sich als Odem und Leben des grossen deutschen Zollvereins erwiesen hat, „dieser wichtigsten nationalen Schöpfung". [177])

Die besten Männer Deutschlands stritten leidenschaftlich für deutsche Einheit gegen Preussen. Sie setzten Alles daran, die preussische Reform rückgängig zu machen, die glücklicherweise stärker war als ihre vereinten Kräfte. Sie verzweifelten an der gemeinschaftlichen Anordnung. Sie schlossen Verträge von Staat zu Staat: nur an einen Vertrag mit dem Widersacher des Artikel 19 war nicht zu denken. Das preussische System aber stand unerschüttert, „fest und still"; alles Gegnerische schien „nur die sturmbewegte Welle".

Da nahmen die Deutschen — Staat für Staat — dieses System als das Ihrige an, ergriffen Preussens dargebotne Hand und jenes „Haupthinderniss" der allgemeinen Einigung wurde die Grundlage der deutschen volkswirthschaftlichen Zukunft.

„So klammert sich der Schiffer endlich noch
  Am Felsen fest, an dem er scheitern sollte."

---

[177]) Thronrede des Grossherzog Friedrich von Baden, 17. Mai 1865: „Durch Erneuerung des Zollvereins ist die Gefahr glücklich beseitigt, welche dieser wichtigsten nationalen Schöpfung drohte, und die Handelsverträge, denen Sie Ihre Zustimmung ertheilten, lassen für Handel und Industrie bei gesteigerter Thätigkeit eine ausgedehnte Entfaltung erwarten."